Oldenbourg
Unterrichtsmaterial Literatur

Herausgegeben von
Dieter Wrobel

Franz Kafka

Die Verwandlung, Das Urteil und andere Erzählungen

Kopiervorlagen und Module für Unterrichtssequenzen

Verfasst von Hans-Peter Goldberg und Claudia Mutter

Die Seitenangaben in Klammern beziehen sich auf folgende Ausgabe:
Franz Kafka, Die Verwandlung, Das Urteil und andere Erzählungen.
Oldenbourg Textausgaben, München: Oldenbourg Schulbuchverlag 2008

Bibliografische Information der Deutschen Nationalbibliothek:
Die Deutsche Nationalbibliothek verzeichnet diese Publikation in der Deutschen Nationalbibliografie; detaillierte bibliografische Daten sind im Internet über http://dnb.ddb.de abrufbar.

Bild- und Textquellen:
Trotz entsprechender Bemühungen ist es nicht in allen Fällen gelungen, den Rechteinhaber ausfindig zu machen. Gegen Nachweis der Rechte zahlt der Verlag für die Abdruckerlaubnis die gesetzlich geschuldete Vergütung.
Sämtliche in diesem Buch aufgeführten Internetadressen beziehen sich auf den Stand August 2008.

Das Papier ist aus chlorfrei gebleichtem Zellstoff hergestellt, ist säurefrei und recyclingfähig.

1. Auflage 2008
Druck 12 11 10 09 08
Die letzte Zahl bezeichnet das Jahr des Drucks.

Umschlagkonzept: Mendell & Oberer, München
Umschlaggestaltung und -bild: Erasmi + Stein, München
Layoutentwurf: Almut Jegodtka
Lektorat: Ruth Bornefeld
Herstellung: Ulrike Seeliger
Satz: jürgen ullrich typosatz, Nördlingen
Druck und Bindung: Schneider Druck GmbH, Rothenburg ob der Tauber

ISBN 978-3-486-**00614**-8
ISBN 978-3-637-**00614**-0 (ab 1.1.2009)

150 Jahre
Wissen für die Zukunft
Oldenbourg Verlag

Inhalt

Vorwort

Der vorliegende Band zu den Erzählungen von Franz Kafka besteht aus zwei Teilen: den Modulen für die Unterrichtssequenzen und den dazugehörigen Kopiervorlagen.
Der didaktischer Ansatz orientiert sich an den Prinzipien der Integration aller Lernbereiche und der Handlungs- und Produktionsorientierung. Ziel ist es, die Schüler nicht nur in die Literatur Franz Kafkas einzuführen, sondern sie die Grundprobleme seines Werkes auch in ihrer eigenen Welt aufspüren zu lassen, also die Texte zu aktualisieren, ohne dabei die Erfahrungen der Alterität einzuebnen.
Zu allen 19 Modulen werden die jeweils zentralen Lernziele angegeben. Die für den Literaturunterricht üblichen Standardkompetenzen bilden die Grundlage der Unterrichtsarbeit, werden jedoch nicht gesondert aufgeführt.
Die Kopiervorlagen geben nicht nur inhaltliche Anregungen für den Unterricht, sondern trainieren auch die Methodenkompetenz der Schüler und ermöglichen binnendifferenziertes Arbeiten. Techniken der Ideenfindung wie z. B. Cluster und Mindmap, strukturierende Analyseaufträge, klar angeleitete Schreibaufgaben, Methoden des szenischen Interpretierens, Texterschließung mittels Strukturskizzen usw. wechseln sich ab und ergänzen sich. Der Blick über die Grenzen des Faches hinaus bietet sich bei Kafka besonders an: Künstlerische Umsetzungen und Illustrationen seiner Texte, Inszenierungsfotos sollen fächerübergreifendes und fächerverbindendes Arbeiten anregen.
Aus Gründen der Übersichtlichkeit sind die Module nach der Chronologie der Textentstehung (nicht der Textveröffentlichung) angelegt. Für den Unterricht ergeben sich vielfältige Möglichkeiten der Sequenzierung: Verwandte Themen, biografische Hintergründe, literarische Gattungsspezifika, Aspekte der Intertextualität sind geeignete Kriterien, um die Texte auszuwählen und zusammenzustellen oder in den Kontext anderer Unterrichtseinheiten, z. B. zum Roman Der Prozess, einzufügen.
Kafkas Texte gelten als sperrig. Um die Lesemotivation der Schüler zu fördern und zu erhalten, sollte die Unterrichtszeit deshalb zeitlich angemessen begrenzt werden.

Referatthemen und Projektvorschläge

- Schaufenstergestaltung für eine Buchhandlung: Kafka 200X
- Literaturcafé: Kafka (Kafka-Abend in der Schule)
- Franz Kafka, Der Verschollene. Romanvorstellung.
- Kafkas Prag – ein virtueller Spaziergang (mediale Präsentation mit gesprochenem Text)
- Kafka – Leben und Werk (Vorstellung einer neueren Kafka-Biografie)

Der vorliegende Band ist Teil des Oldenbourg Lektüreverbundes und kann, muss aber nicht mit folgenden Bänden zu Kafka kombiniert werden:

- Oldenbourg Interpretation zu Die Verwandlung/ Brief an den Vater
- Oldenbourg Interpretation zu Kafkas Erzählungen
- Oldenbourg Textnavigator für Schüler zu Die Verwandlung, Das Urteil und andere Erzählungen
- Oldenbourg Textausgabe zu Die Verwandlung, Das Urteil und andere Erzählungen.

Wenn Sie Parallelbenutzer sind, also bereits die Oldenbourg Interpretation zu Kafka kennen, so informieren Sie sich bitte in dem Kapitel „Vernetzung mit der Oldenbourg Interpretation zu Kafka".

Bei den Kopiervorlagen wird eine Binnendifferenzierung berücksichtigt (KVs für leistungsstärkere Kurse werden besonders ausgewiesen).
Aus Gründen der besseren Lesbarkeit werden männliche Personenbezeichnungen für weibliche und männliche Personen gleichermaßen verwendet.

Verwendete Abkürzungen:

AA = Arbeitsauftrag
EA = Einzelarbeit
GA = Gruppenarbeit
PA = Partnerarbeit

Verwendete Symbole:

 = kreatives Schreiben
 = textnahes Lesen
 = kommunikative Unterrichtsform (Partner-/Gruppenarbeit)
 = Einsatz von Medien (Film)
 = für leistungsstarke Kurse

Für die Bearbeitung der Module und Kopiervorlagen der Texte von Kafka in diesem Band waren wie folgt verantwortlich:

Hans-Peter Goldberg:
Das Urteil, Die Verwandlung, Vor dem Gesetz, In der Strafkolonie, Ein Traum, Auf der Galerie, Eine kaiserliche Botschaft, Heimkehr

Claudia Mutter:
Der Kaufmann, Der Heizer, Der Jäger Gracchus, Die Brücke, Der Kübelreiter, Der Nachbar, Ein Bericht für eine Akademie, Brief an den Vater, Ein Hungerkünstler.

Vernetzung mit der Oldenbourg Interpretation zu Die Verwandlung/ Brief an den Vater

Im Folgenden werden die Themen, die sich in den Unterrichtshilfen der Oldenbourg Interpretation Die Verwandlung/Brief an den Vater befinden und zu denen es im vorliegenden Band passende Kopiervorlagen als Ergänzung gibt, aufgelistet:

Thema (Oldenbourg Interpretation)	KV (Oldenbourg Unterrichts-material Literatur)
Die Verwandlung/Brief an den Vater: Familien- und Familienkonflike (1./2. Stunde)	15a, 15b
Die Verwandlung: das Verwandlungsmotiv (alternativer Einstieg)	3b, 3c, 3d
Die Verwandlung: die Bedeutung der Träume (Zusatz-stunde)	7a
Die Verwandlung: Familienstrukturen, Gregors Familiensozialisation (5./6. Stunde)	3a
Brief an den Vater: die Vater-Sohn-Beziehung (1./2. Stunde) Brief an den Vater: der Kontrast zwischen Vater und Sohn (3./4. Stunde)	15a, 15b, 19a

Module für Unterrichtssequenzen zu Kafkas Erzählungen

Modul	Thema	Lernziel	Stundenanzahl/ Hinweis	KV	Didaktisch-methodische Realisierung
1	DER KAUFMANN GA *Kreativer Zugang*	Die Schüler nähern sich Kafka an	▪ 1–2 Stunden	1a	▪ Die Schülerinnen und Schüler sollen über szenische Improvisationen in einen ersten Kontakt mit der absurden Welt der Kafka'schen Texte treten. Der Übung sollte eine Warm-up-Phase vorgeschaltet werden: den Raum erkunden, Körperhaltungen und Bewegungsformen erproben, Stimmübungen, Konzentrationsübungen usw. Dafür sollte im Klassenraum eine möglichst große freie Fläche geschaffen werden. ▪ Erst nach der Besprechung der szenischen Annäherung (Metaebene) wird der Text gemeinsam, z. B. im Kreis stehend, Satz für Satz reihum gelesen. Ein offenes Interpretationsgespräch schließt sich an. Die entstandene Neugier auf Kafka sollte für Lese- oder Recherchehausaufgaben genutzt werden: im Regal der Eltern stöbern, in die Schul- oder Stadtbibliothek gehen, Lesebücher (auch ältere, aus früheren Klassen) durchblättern usw.
2	DAS URTEIL GA *Szenisches Interpretieren*	Die Schüler ▪ erkennen die Problematik der Vater-Sohn-Beziehung ggf. im Kontext anderer Erzählungen, ▪ erkennen die Personifizierung innerpsychischer Vorgänge und Persönlichkeitsstrukturen in Georg und dem Petersburger Freund ▪ können Deutungshypothesen aufstellen, z. B. zur Beziehung des Vaters zu Georgs Freund in Russland und zur Suizidproblematik am Ende der Erzählung.	▪ 8 Stunden	 2a	▪ Die Schüler entwickeln die szenischen Vorübungen aus der Warm-up-Phase zu zentralen Verfahren gestaltender Interpretation weiter – dies an zwei Schlüsselstellen der Erzählung (KV 2a, 2b). ▪ KV 2a: Die szenische Erschließung sollte von mehreren Gruppen arbeitsgleich vorbereitet werden, da unterschiedliche Ergebnisse zu erwarten sind. Vorschlag zur Realisierung: – Ein Spieler stellt zunächst den Sohn, nachdem er den Vater zugedeckt hat, als Standbild dar. – Ein zweiter Spieler stellt danach als Standbild oder in szenischem Spiel die Machtentfaltung des Vaters dar. Dabei deklamiert er einen Teil des Textes oder dessen ganze Rede. Wichtig ist, dass der Satz „Er wäre ein Sohn nach meinem Herzen" auf jeden Fall enthalten ist. Der Textteil kann auch von einem Hilfs-Ich gesprochen werden. – Der Spieler des Sohns nimmt nun ein zweites Standbild gegenüber dem „auferstandenen" Schreckbild ein. – Zuletzt wird von einem weiteren Spieler der Petersburger Freund dargestellt. Er tritt an die Seite des Vaters, jedoch in einer typischen Pose, die seinem im Text mitgeteilten Leben in Russland entspricht.

Modul	Thema	Lernziel	Stundenanzahl/ Hinweis	KV	Didaktisch-methodische Realisierung
2	DAS URTEIL			2b	▪ KV 2b: Vorschlag zur Realisierung: Falls die Schüler zu der Überzeugung kommen, die Verurteilung durch den Vater reicht nicht zu einer zwanghaften Tat in der bei Kafka beschriebenen Form aus, sollen die Schüler Alternativen erfinden. Dazu gibt es verschiedene Möglichkeiten. – Der im Text beschriebene Selbstmord kann auch übertragen gemeint sein: Welche anderen Formen der Selbsttötung oder extremen Selbstschädigung durch ständige Beleidigung, Herabsetzung und verbale Angriffe einer übermächtigen Vaterfigur könnten glaubhafter wirken? Die Schüler sollen dies durchspielen. – Eine andere Möglichkeit: Die verurteilende Macht wird verstärkt. Neben den Vater treten weitere Figuren auf: ein Chef (wie bei der VERWANDLUNG), Verwandte, Nachbarn usw., welche im betroffenen Einzelnen den „teuflischen Menschen“sehen. Die Schüler sollen solche Möglichkeiten durchspielen und diese für die Zeit Kafkas und für heute beurteilen (Formen extremen Mobbings, Ausgrenzung, Stigmatisierung …).
				2c	▪ KV 2c: Die Schüler reflektieren den idealtypischen Schreibprozess, den Kafka anhand der Niederschrift des URTEILS hervorhob.
				2d	▪ KV 2d: Die Schüler setzen sich in einer fiktiven Redaktionskonferenz mit der Frage einer Illustration von Kafkas Erzählungen im Allgemeinen und des URTEILS im Besonderen anhand einer Bildvorlage auseinander.
3	DIE VERWANDLUNG	Die Schüler erkennen ▪ an dieser Erzählung exemplarisch die Wirkungen der „einsinnigen“ und der auktorialen Erzählweise, ▪ den funktionalen Charakter der Tiergestalt und können diesen in seiner Bedeutung einordnen, ▪ die Bedeutung dieser funktionalen Sichtweise an dem von Kafka vertretenen „Zeichenverbot“ des Käfers, ▪ diskutieren die Wirkung einer Visualisierung in Form eines Comics (→ verbundener DU), ▪ anhand eines weitgehend unbekannten zeitgenössischen Textes die Möglichkeit einer Fortführung der Kafka'schen Erzählung und diskutieren den Wandel der Aussage.	▪ 10 Stunden	3a	▪ Die Schüler ermitteln in vergleichender und analytischer Weise die Wirkung der beiden Erzählperspektiven (KV 3a).
				3b	▪ Sie erkennen die Funktion der Tiergestalt mithilfe gestaltenden Schreibens (KV 3b).
				3c	▪ Sie diskutieren das „Zeichenverbot“ anhand von Äußerungen Kafkas und reflektieren die Wirkung des Umschlags der Erstausgabe (KV 3c).
				3d	▪ Als eine Art Gegenprobe überprüfen sie ihre Erkenntnisse an einem Comic (KV 3d).
				3e	▪ Die zeitgenössische Variation der Erzählung (KV 3e) durch Karl Brand bietet die Möglichkeit einer unbenoteten Lernerfolgskontrolle und lässt durch den alternativen Schluss einen abschließenden Rückblick auf die Intentionen Kafkas zu.

Modul	Thema	Lernziel	Stundenanzahl/ Hinweis	KV	Didaktisch-methodische Realisierung
4	DER HEIZER *GA* *Textnahes Lesen* *Kreativer Zugang* *Fächerübergreifend mit Kunst*	Die Schüler ▪ üben textnahes Lesen und Gestaltungskompetenz und setzen sich mit einer mit einer Deutungsthese auseinander, ▪ deuten und gestalten Titelbilder (→ Zusammenarbeit mit Kunstunterricht möglich), ▪ vergleichen die Reisereportage mit dem Romananfang von AMERIKA.	▪ 3–5 Stunden, eventuell zusätzliche Stunden im Fach Kunst ▪ KV 4a, Aufgabe 8: für leistungsstärkere Kurse	4a 4b 4c	▪ Die Simulation einer „Redaktionskonferenz“ schafft ein realitätsnahes Szenario für die intensive und eigenverantwortliche Auseinandersetzung mit dem längeren Erzähltext. Die Aufgaben können in Form von Wochenplanarbeit organisiert werden. Als Ergebnissicherung bietet sich ein Produkt an: Broschüre bzw. digitales Dokument (ins Tauschverzeichnis der Schule oder auf eine virtuelle Lernplattform wie z. B. lo-net2 oder moodle stellen). ▪ KV 4b und 4c ergänzen und vertiefen die Erarbeitung. KV 4c ist auch als Klausurthema geeignet.
5	VOR DEM GESETZ	Die Schüler ▪ setzen sich mit einer Deutungshypothese auseinander und erhalten durch die Form der Visualisierung zusätzliche Deutungsimpulse, ▪ erkunden Handlungsalternativen, ▪ interpretieren die Parabel als Beispielerzählung im Rahmen des PROCESS-Romans.	▪ 3 Stunden	5a 5b 5c 5d	▪ KV 5a: Anhand der Kurzdeutung eines Scherenschnitttheaters und zweier Visualisierungsimpulse setzen sich die Schüler mit eigenen Deutungshypothesen bzw. Vorverständnissen auseinander. Ein weiterer Arbeitsauftrag kann nach der Darstellung des Gebäudes auf den Schattenbildern fragen, denn hier handelt es sich um eine Pagode, also einen offenen und alleinstehenden Raum. Auch ein Vergleich mit dem Bild von Raupp Schliemann (KV 5c) bietet sich an. ▪ Sie vertiefen ihre anfänglichen Interpretationen, indem sie schreibend anhand einer Schlüsselstelle Alternativen erkunden. ▪ Sie erbringen eine Transferleistung, indem sie die Umsetzung des Textes in der bildenden Kunst sowie deren Begründung reflektieren. ▪ Die Schüler erweitern ihren Deutungshorizont durch die Auseinandersetzung mit der Auslegungskontroverse im PROCESS-Roman.
6	IN DER STRAFKOLONIE	Die Schüler ▪ erarbeiten aus dem intertextuellen Vergleich heraus eine erste Deutungshypothese, ▪ setzen sich mit einem zentralen Werteproblem der abendländisch geprägten Moderne auseinander, das in Kafkas Text seinen Niederschlag findet.	▪ 5 Stunden	6a 6b	▪ In der Rezeption des zeitgenössischen Textes von Octave Mirbeau stellen die Schüler erste Vergleichspunkte zum Text IN DER STRAFKOLONIE her. Der Unterricht sollte anschließend auf der Figuren- und Handlungsebene die Kenntnisse festigen und vertiefen. ▪ Der abschließende Interpretationstext von Alt (KV 6b) ist aktuell, da er die im westlichen Wertepluralismus angelegten Wertekonflikte bis hin zur tendenziellen Handlungsunfähigkeit thematisiert.
7	EIN TRAUM	Die Schüler lernen ▪ ein typisches Erzählmuster Kafkas kennen, ▪ den Interpretationszugang ‚Konflikt Schreiben – bürgerliches Leben‘ kennen.	▪ 1 Stunde	7a	Das Erzählmuster ist im Unterricht aus dem Text heraus zu erarbeiten. Das Selbstzeugnis Kafkas lässt eine tragfähige Interpretation des Textes bezogen auf den literarischen Schreibprozess zu.

Modul	Thema	Lernziel	Stundenanzahl/ Hinweis	KV	Didaktisch-methodische Realisierung
8	Auf der Galerie	Die Schüler ▪ nähern sich dem Text über ein Werk der bildenden Kunst an, ▪ überprüfen ihre Textarbeit anhand einer zweiten künstlerischen Übersetzung, ▪ diskutieren Formen der Aktualisierung (Transfer).	▪ 2–3 Stunden	8a 8b	Ein Werk der bildenden Kunst, das sich mit Kafkas Parabel befasst, dient der Motivation und der Lernerfolgskontrolle. Die Übertragung des zentralen Motivs auf aktuelle Themen der Gegenwart (KV 8b) geben zu Diskussionen Anlass.
9	Der Jäger Gracchus *Standbild* *Textnahes Lesen*	Die Schüler untersuchen und deuten Erzählfiguren und Erzählräume.	▪ 2–3 Stunden	9a 9b 9c	Die drei KVs folgen dem Prinzip der didaktischen Progression: Das surrealistische Bild von Magritte (KV 9a) führt zur Frage der Ich-Identität, die in KV 9b am Text erarbeitet und in KV 9c durch die Analyse einer literaturwissenschaftlichen Interpretation weitergeführt wird. Von dort aus wird zur Suche nach Querverbindungen zu anderen Kafka-Texten angeregt. KV 9a, Aufgabe 3: Ein Tableau zu stellen ist eine ähnliche Methode wie ein Standbild zu bauen, nur basiert das Tableau auf einer Bildvorlage.
10	Die Brücke	Die Schüler ▪ schreiben eine Interpretation unter Verwendung von Tagebuch und Brief, ▪ legen eine Strukturskizze an.	▪ 2 Stunden ▪ KV 10b, Aufgabe 3: für leistungsstärkere Kurse	10a 10b	Der Lektüre kann ein kreativer Schreibauftrag mit dem Ziel der Diskrepanzerfahrung vorgeschaltet werden. AAs: Stellen Sie sich vor, Sie wären eine Brücke. Welche Art von Brücke wären Sie gerne? Schreiben Sie einen Text über Ihr Leben als Brücke (auch als HA möglich).
11	Der Kübelreiter *Produktionsorientiert*	Die Schüler ▪ üben textnahes Lesen und schreiben einen Erzählfortgang, ▪ vergleichen ihre Versionen mit Kafkas „Epilog".	▪ 2 Stunden	11a 11b	▪ Die kurze Erzählung fordert durch ihr offenes Ende zum Weiterschreiben heraus. Die Aufgabe führt zum Gestaltenden Interpretieren hin, da sie nur auf der Grundlage einer impliziten Analyse sinnvoll bewältigt werden kann. ▪ Die Deutungsversuche der Schüler (KV 11b) sollten von der Lehrkraft im Unterrichtsgespräch durch Impulse, z. B. Hinweis auf die Künstlerproblematik, gelenkt und weitergeführt werden. Der Text eignet sich auch für ein Interpretationsgespräch im Unterricht, das in einer Hausaufgabe zusammengefasst oder zu einem Interpretationsaufsatz ausformuliert werden kann (Möglichkeit der Binnendifferenzierung). Alternative: Die Schüler entwerfen Analyseaufgaben zum Text und formulieren einen Erwartungshorizont der möglichen Lösungen.
12	Eine kaiserliche Botschaft	Die Schüler ▪ erkennen typische Erzählmuster Kafkas, ▪ erarbeiten neben gängigen Interpretationsweisen eigenständig neue Textzugänge.	▪ 2 Stunden	12a	Die Analyse des für Kafka typischen Erzählmusters sollte zuvor erfolgen. Die anschließende Einbettung in die größere Erzählung Beim Bau der chinesischen Mauer lässt danach sogar positive Deutungsansätze zu, die diskutiert werden sollten.

Modul	Thema	Lernziel	Stundenanzahl/ Hinweis	KV	Didaktisch-methodische Realisierung
13	DER NACHBAR *Kreativer Zugang*	Die Schüler ▪ setzen sich in eigenen Gestaltungsversuchen mit dem Text auseinander und erweitern ihre Schreibkompetenz.	▪ 2–3 Stunden ▪ KV 13a, Aufgabe 4 (Umgestaltung): für leistungsstarke Kurse	13a 13b	Die Gestaltungsaufgaben verlangen eine genaue Textwahrnehmung und werfen die Frage nach dem Realitätsbezug der Erzählung auf (KV 13a). Im Vergleich der Wohnungsschilderung im Briefauszug und im fiktionalen Text wird die spezifische Raumgestaltung bei Kafka deutlich. Analytische und produktionsorientierte Arbeitsformen ergänzen sich (KV 13b).
14	EIN BERICHT FÜR EINE AKADEMIE *Szenisches Interpretieren*	Die Schüler ▪ ordnen Szenenfotos zu und tragen Textpassagen vor, ▪ untersuchen eine Rezension.	▪ 3–4 Stunden	14a 14b	▪ Für KV 14a eignet sich die Methode der ‚Lawine' oder der wachsenden Gruppe: Nach einer individuellen Auseinandersetzung mit den Szenenfotos (1.) werden Kleingruppen gebildet (2.), von denen sich je zwei zusammenfinden (3.), um ihre Ergebnisse abzugleichen und zu dokumentieren. Aufgabe 4 eignet sich für spielfreudige Gruppen. ▪ KV 14 b kann während der Spielvorbereitung von den anderen Schülern bearbeitet werden. Eine Internetrecherche aktueller Aufführungen oder ein Theaterbesuch kann die Sequenz abrunden.
15	BRIEF AN DEN VATER *GA* *Standbild* *Textnahes Lesen* *Kreatives Schreiben*	Die Schüler ▪ sollen Familienstrukturen früher und heute erkennen, ▪ eine materialgestützte Textanalyse nach Leitfragen verfassen.	▪ 3–4 Stunden	15a 15b 15c 15d	KV 15a soll der Lektüre des BRIEFS vorgeschaltet werden. Aufgabe 3: Ein Tableau zu stellen ist eine ähnliche Methode wie ein Standbild zu bauen, nur basiert das Tableau auf einer Bildvorlage. Klausurvorschlag: Analyse der fiktiven Antwort des Vaters am Ende des BRIEFS (vgl. auch Kap. 3.3 des Oldenbourg Textnavigators für Schüler).
16	HEIMKEHR	Die Schüler ▪ erkennen den zentralen Unterschied zwischen Parabel und Gleichnis, ▪ werden zu biografischen und zeittypischen Deutungsweisen (gestörte Kommunikation, Entfremdung) hingeführt.	▪ 2 Stunden	16a	Die Erarbeitung des Form- wie des Inhaltsaspekts findet über den intertextuellen Vergleich mit dem ‚Gleichnis vom verlorenen Sohn' statt. Formen des szenischen Spiels, die im Unterricht hinzutreten, könnten die Handlungsunterschiede veranschaulichen.
17	EIN HUNGERKÜNSTLER *Kreatives Schreiben*	▪ Die Schüler bringen ihre Assoziationen ein und nehmen eine Vorgestaltung des Textes vor.	▪ 3–4 Stunden	17a	KV 17a dient als Einstieg in die Unterrichtssequenz. Nach der häuslichen Lektüre wird der Text analytisch erarbeitet: Gliederung durch Zwischenüberschriften, Herausarbeiten der paradoxen Situation, sprachliche Analyse; Diskussion von Deutungshypothesen: biografische Interpretation, Problematik der Künstlerexistenz, Einordnung in Motivtradition (Essen als Motiv in der Literatur, z. B. in Märchentexten, in Gesellschaftsromanen). Aktueller Bezug: problematisches Essverhalten Jugendlicher in unserer Gesellschaft.

Modul	Thema	Lernziel	Stundenanzahl/ Hinweis	KV	Didaktisch-methodische Realisierung
18	Kafka: Leben, Schreiben und Werk	Die Schüler ▪ interpretieren eine Collage und setzen sie schriftlich in ein Autorenporträt um, ▪ werten ein Interview mit dem Kafka-Biografen Reiner Stach aus.	▪ Mindestens 1 Stunde ▪ Für leistungsstarke Kurse	18a 18b	Diese KVs sind variabel bei sämtlichen Modulen einsetzbar.
19	Leseprojekt: Väter und Söhne *Projekt*	Lektüreerfahrung, Buchvorstellungen	▪ variabel, überwiegend als HA	19a	Dies ist ein Zusatzangebot zur Leseförderung, das über einen längeren Zeitraum geplant werden sollte.

DER KAUFMANN: **Zitatenteppich**

Es ist möglich, daß einige Leute Mitleid mit mir haben, aber ich spüre nichts davon.

Mein Geld haben fremde Leute; …

… andere halten sich ein Weilchen auf der Flucht nach Amerika bei diesem Feste auf.

Aber der Weg ist zu kurz.

Ich sehe, daß ich jetzt und plötzlich allein bin.

Seid still, tretet zurück, …

Ich rede mit den Zähnen und die Treppengeländer gleiten an den Milchglasscheiben hinunter wie stürzendes Wasser.

Verfolget nur den unscheinbaren Mann …

Die verstreut auf ihren Pferden galoppierende Polizei bändigt die Tiere und drängt euch zurück.

Aufgaben:

1. Schneiden Sie die oben stehenden Sätze in ausreichender Zahl aus (ein Streifen pro Person) und verteilen Sie die Streifen nach dem Zufallsprinzip.

2. Gehen Sie im – möglichst leer geräumten – Klassenraum umher und sprechen Sie Ihren Satz so oft, bis Sie ihn auswendig können. Probieren Sie dabei verschiedene Sprechhaltungen aus.

3. Gehen Sie weiter mit Ihrem Satz durch den Raum und hören Sie zunehmend auch auf die Sätze der anderen. Sprechen Sie sich gegenseitig mit Ihren Sätzen an.

4. Improvisieren Sie kleine Szenen mit Ihren Sätzen. Sie können diese dabei auch wiederholen. Spielen Sie einige Szenen den anderen vor.

5. Werten Sie Ihre Erfahrungen aus: Beschreiben Sie Atmosphäre, Stimmung, Thema, Rollen Ihrer szenischen Improvisationen.

6. Diskutieren Sie, was Sie von Kafkas Erzählung DER KAUFMANN, aus der diese Sätze stammen, erwarten.

Das Urteil: szenische Interpretation einer Schlüsselstelle (I)

„Es gefällt dir also schon im Bett“, sagte Georg und legte das Deckzeug besser um ihn.
„Bin ich gut zugedeckt?“ fragte der Vater noch einmal und schien auf die Antwort besonders aufzupassen. „Sei nur ruhig, du bist gut zugedeckt.“
„Nein!“ rief der Vater, daß die Antwort an die Frage stieß, warf die Decke zurück mit einer Kraft, daß sie einen Augenblick im Fluge sich ganz entfaltete, und stand aufrecht im Bett. Nur eine Hand hielt er leicht an den Plafond. „Du wolltest mich zudecken, das weiß ich, mein Früchtchen, aber zugedeckt bin ich noch nicht. Und ist es auch die letzte Kraft, genug für dich, zuviel für dich. Wohl kenne ich deinen Freund. Er wäre ein Sohn nach meinem Herzen. Darum hast du ihn auch betrogen die ganzen Jahre lang. Warum sonst? Glaubst du, ich habe nicht um ihn geweint? Darum doch sperrst du dich in dein Büro, niemand soll stören, der Chef ist beschäftigt – nur damit du deine falschen Briefchen nach Rußland schreiben kannst. Aber den Vater muß glücklicherweise niemand lehren, den Sohn zu durchschauen. Wie du jetzt geglaubt hast, du hättest ihn untergekriegt, so untergekriegt, daß du dich mit deinem Hintern auf ihn setzen kannst und er rührt sich nicht, da hat sich mein Herr Sohn zum Heiraten entschlossen!“
Georg sah zum Schreckbild seines Vaters auf.

(Franz Kafka: Das Urteil. In: Franz Kafka: Die Verwandlung, Das Urteil und andere Erzählungen, München 2008, S. 23 f.)

Aufgaben:

1. Diese Textpassage lässt sich auf verschiedene Weisen szenisch erschließen:
   a. Gruppenarbeit: Teilen Sie innerhalb Ihrer Arbeitsgruppe die Rollen des Sohnes, des Vaters und des Petersburger Freundes ein. Bestimmen Sie danach die „Regisseure“ oder „Baumeister“.
   b. Bauen Sie drei verschiedene Standbilder zu der abgedruckten Textvorlage auf. Sie können durch ein oder mehrere Hilfs-Ichs auch einzelne wichtige Sätze oder Satzteile in Ihre Standbildfolge einfließen lassen.

2. Nach der Präsentation: Welche Auffälligkeiten stellen Sie als Spieler und als Betrachter von außen fest?

Das Urteil: szenische Interpretation einer Schlüsselstelle (II)

„Du hast mir also aufgelauert!" rief Georg.
Mitleidig sagte der Vater nebenbei: „Das wolltest du wahrscheinlich früher sagen. Jetzt paßt es ja gar nicht mehr."
Und lauter: „Jetzt weißt du also, was es noch außer dir gab, bisher wußtest du nur von dir! Ein unschuldiges Kind warst du ja eigentlich, aber noch eigentlicher warst du ein teuflischer Mensch! – Und darum wisse: Ich verurteile dich jetzt zum Tode des Ertrinkens!"
Georg fühlte sich aus dem Zimmer gejagt, den Schlag, mit dem der Vater hinter ihm aufs Bett stürzte, trug er noch in den Ohren davon. Auf der Treppe, über deren Stufen er wie über eine schiefe Fläche eilte, überrumpelte er seine Bedienerin, die im Begriffe war, hinaufzugehen, um die Wohnung nach der Nacht aufzuräumen. „Jesus!" rief sie und verdeckte mit der Schürze das Gesicht, aber er war schon davon. Aus dem Tor sprang er, über die Fahrbahn zum Wasser trieb es ihn. Schon hielt er das Geländer fest, wie ein Hungriger die Nahrung. Er schwang sich über, als der ausgezeichnete Turner, der er in seinen Jugendjahren zum Stolze seiner Eltern gewesen war. Noch hielt er sich mit schwächer werdenden Händen fest, erspähte zwischen den Geländerstangen einen Autoomnibus, der mit Leichtigkeit seinen Fall übertönen würde, **rief leise: „Liebe Eltern, ich habe euch doch immer geliebt", und ließ sich hinfallen.**

(Franz Kafka: Das Urteil. In: Franz Kafka: Die Verwandlung, Das Urteil und andere Erzählungen, München 2008, S. 27 f.)

Aufgaben:

Diese Textpassage lässt sich ebenfalls auf verschiedene Weisen szenisch erschließen. Im Mittelpunkt soll die Frage stehen, wie eine verbale Verurteilung durch den (einen) Vater den (einen) erwachsenen Sohn zum Selbstmord treiben kann – zur Zeit Kafkas und heute.

1. **a.** Stellen Sie zunächst die fettgedruckten Passagen als kurzes szenisches Spiel dar. Diskutieren Sie anschließend die Wirkung.
   b. Finden Sie andere Möglichkeiten der Selbsttötung oder extremen Selbstschädigung, die für Sie glaubhafter wirken, und spielen Sie diese durch.
   c. Der Vater steht für personelle Macht. Finden Sie andere Formen der Machtausübung (Personen, Institutionen ...) und spielen Sie diese durch.
2. Vergleichen Sie die neu gefundenen Spielvarianten mit der szenischen Umsetzung des Textes in Aufgabe 1.

Das Urteil: der Schreibprozess

Die Tagebuchnotiz zur Entstehung des Urteils

23 (September 1912) Diese Geschichte „das Urteil“ habe ich in der Nacht vom *22* zum *23* von 10 Uhr abends bis 6 Uhr früh in einem Zug geschrieben. Die vom Sitzen steif gewordenen Beine konnte ich kaum unter dem Schreibtisch hervorziehn. Die fürchterliche Anstrengung und Freude, wie sich die Geschichte vor mir entwickelte wie ich in einem Gewässer vorwärtskam. Mehrmals in dieser Nacht trug ich mein Gewicht auf dem Rücken. Wie alles gewagt werden kann, wie für alle, für die fremdesten Einfälle ein großes Feuer bereitet ist, in dem sie vergehn und auferstehn. Wie es vor dem Fenster blau wurde. Ein Wagen fuhr. Zwei Männer über die Brücke giengen. Um *2* Uhr schaute ich zum letztenmal auf die Uhr. Wie das Dienstmädchen zum ersten Mal durchs Vorzimmer gieng, schrieb ich den letzten Satz nieder. Auslöschen der Lampe und Tageshelle. Die leichten Herzschmerzen. Die in der Mitte der Nacht vergehende Müdigkeit. Das zitternde Eintreten ins Zimmer der Schwestern. Vorlesung. Vorher das Sichstrecken vor dem Dienstmädchen und Sagen: „Ich habe bis jetzt geschrieben“. Das Aussehn des unberührten Bettes, als sei es jetzt hereingetragen worden. Die bestätigte Überzeugung, daß ich mich mit meinem Romanschreiben in schändlichen Niederungen des Schreibens befinde. Nur so kann geschrieben werden, nur in einem solchen Zusammenhang, mit solcher vollständigen Öffnung des Leibes und der Seele. Vormittag im Bett. Die immer klaren Augen. Viele während des Schreibens mitgeführte Gefühle: z. B. die Freude daß ich etwas Schönes für Maxens Arcadia haben werde, Gedanken an Freud natürlich, an einer Stelle an Arnold Beer, an einer andern an Wassermann, an einer (zerschmettern) an Werfels Riesin, natürlich auch an meine „Die städtische Welt“.

(Franz Kafka: Tagebücher, Band 2: 1912 – 1914, in der Fassung der Handschrift, nach der Kritischen Ausgabe, hg. von Hans-Gerd Koch, Frankfurt a. M. 1994, S. 101)

Archiv Klaus Wagenbach

Aufgaben:

1. Kafka, der mit seinen Schriften wie mit seinem Schreiben sehr selbstkritisch umging, war mit der Entstehung des Urteils und dem Ergebnis sehr zufrieden. Fassen Sie mit eigenen Worten schriftlich zusammen, was ihn an dieser Art zu schreiben so zufrieden stellte.
2. Suchen Sie die Stellen aus dem Textauszug des Urteils heraus, von denen Sie glauben, dass sich in ihnen besonders dieses erfolgreiche, befriedigende Schreiben ausdrückt, und tragen Sie – nach Vorbereitung – diese Textstellen vor.

Das Urteil: **Sinn und Zweck von Illustrationen**

Angesichts einer Neuausgabe von Kafkas Erzählungen diskutiert die Redaktionskonferenz über die Aufnahme von Illustrationen in die neue Textausgabe. Einige Graphiker haben Probeillustrationen eingereicht, darunter die unten abgedruckte zu der Erzählung Das Urteil. Die Redaktion ist sich grundsätzlich (Illustrationen ja oder nein?) und auch in der Bewertung einzelner Arbeitsproben wie der untenstehenden uneinig.

Claudia Driesen

Aufgaben:

Erarbeiten Sie in arbeitsteiliger Gruppenarbeit diese Auseinandersetzung und spielen Sie sie anschließend in einer fiktiven Konferenz nach:

1. Gruppe 1: Sie sind prinzipiell *für* eine Aufnahme von Illustrationen in den Band und stellen Kriterien für angemessenes Illustrieren der Erzählungen Kafkas auf.
2. Gruppe 2: Sie sind prinzipiell *gegen* eine Aufnahme von Illustrationen in den Band und stellen dafür eine geeignete Argumentation zusammen.
3. Gruppen 3 und 4: Sie gehen lieber praktisch mit der Streitfrage um und analysieren den oben abgedruckten Entwurf. Erläutern Sie, auf welche Kriterien Sie Ihre Bewertung gründen.
4. Gruppe 5: Sie haben sich längst für eine Illustration entschieden und suchen aus der Erzählung Das Urteil drei geeignete Textstellen heraus. Zu einer dieser Textstellen fertigen Sie eine Probeskizze an und stellen diese vor (diese kann laienhaft sein, schließlich sind Sie keine professionellen Grafiker oder Zeichner).

Die Verwandlung: die „Türöffner"-Szene – in zwei Versionen erzählt

Original …

Da er die Türe auf diese Weise öffnen mußte, war sie eigentlich schon recht weit geöffnet, und er selbst noch nicht zu sehen. Er mußte sich erst langsam um den einen Türflügel herumdrehen, und zwar sehr vorsichtig, wenn er nicht gerade vor dem Eintritt ins Zimmer plump auf den Rücken fallen wollte. Er war noch mit jener schwierigen Bewegung beschäftigt und hatte nicht Zeit, auf anderes zu achten, da hörte er schon den Prokuristen ein lautes „Oh!" ausstoßen – es klang, wie wenn der Wind saust – und nun sah er ihn auch, wie er, der der Nächste an der Türe war, die Hand gegen den offenen Mund drückte und langsam zurückwich, als vertreibe ihn eine unsichtbare, gleichmäßig fortwirkende Kraft. (S. 43, Z. 499 ff.)

Gregor sah ein, daß er den Prokuristen in dieser Stimmung auf keinen Fall weggehen lassen dürfe, wenn dadurch seine Stellung im Geschäft nicht aufs äußerste gefährdet werden sollte. Die Eltern verstanden das alles nicht so gut; sie hatten sich in den langen Jahren die Überzeugung gebildet, daß Gregor in diesem Geschäft für sein Leben versorgt war, und hatten außerdem jetzt mit den augenblicklichen Sorgen so viel zu tun, daß ihnen jede Voraussicht abhanden gekommen war. Aber Gregor hatte diese Voraussicht. Der Prokurist mußte gehalten, beruhigt, überzeugt und schließlich gewonnen werden; die Zukunft Gregors und seiner Familie hing doch davon ab! (S. 46, Z. 600 ff.)

„Mutter, Mutter", sagte Gregor leise und sah zu ihr hinauf. Der Prokurist war ihm für einen Augenblick ganz aus dem Sinn gekommen; dagegen konnte er sich nicht

… und Fälschung

Langsam öffnete sich die Tür, hinter der sich, was keiner der Außenstehenden zu denken gewagt hätte, der etwa 1,20 Meter lange Käfer aufgerichtet hatte. Der Prokurist sah als erstes die zahlreichen Beinchen, die den weißen Türflügel umklammerten, dann den ganzen Körper des sich nur mühsam in aufrechter Haltung haltenden Mistkäfers. Unter anderen Bedingungen hätte ein solches Kunststück durchaus Beifall verdient, doch keiner der Anwesenden hatte Sinn für Gregors großartige Leistung. Den Prokuristen packte die Angst, so, als habe er den Leibhaftigen erblickt – lächerlich zwar, aber typisch für die Realitätsferne der österreichisch-ungarischen Beamten am Ende der k. u. k.-Monarchie, die ihr Leben nur in Kanzleien und staubigen Aktenkellern zubrachten. Vor Schreck biss er die Zähne so fest zusammen, dass sich eine Plombe lockerte; sofort führte er die Hand zum Mund, um das lästige Stück zu entfernen. Dennoch mischte sich in die Furcht nicht nur Neugier, sondern auch Schadenfreude: Instinktiv fühlte der Vorgesetzte, dass ein lästiger Konkurrent, durch welche Umstände auch immer, ausgeschaltet worden war. Später würde er, vor den Kollegen, nicht müde werden zu erzählen, dass er sofort – und leichthin über den Käfer hinwegspringend – in das Zimmer gestürmt sei, um nachzusehen, ob Gregor sich vielleicht in einen Kleiderschrank habe retten können. Er musste schnell in die Firma, die neue, für ihn so günstige Sachlage sofort dem Chef zu Gehör bringen, am besten allen Kollegen erzählen, um Gregors Stellung zu erschüttern.
Gregor hatte genau dies vorausgesehen, wollte ihm nach, ihn umstimmen – aber es sprach für die Einfalt dieses wackeren,

DIE VERWANDLUNG: die „Türöffner"-Szene – in zwei Versionen erzählt

Original …	… und Fälschung
versagen, im Anblick des fließenden Kaffees mehrmals mit den Kiefern ins Leere zu schnappen. Darüber schrie die Mutter neuerdings auf, flüchtete vom Tisch und fiel dem ihr entgegeneilenden Vater in die Arme. Aber Gregor hatte jetzt keine Zeit für seine Eltern; der Prokurist war schon auf der Treppe; das Kinn auf dem Geländer, sah er noch zum letzten Male zurück. Gregor nahm einen Anlauf, um ihn möglichst sicher einzuholen; der Prokurist mußte etwas ahnen, denn er machte einen Sprung über mehrere Stufen und verschwand; „Hu!" aber schrie er noch, es klang durchs ganze Treppenhaus. Leider schien nun auch diese Flucht des Prokuristen den Vater, der bisher verhältnismäßig gefaßt gewesen war, völlig zu verwirren, denn statt selbst dem Prokuristen nachzulaufen oder wenigstens Gregor in der Verfolgung nicht zu hindern, packte er mit der Rechten den Stock des Prokuristen, den dieser mit Hut und Überzieher auf einem Sessel zurückgelassen hatte, holte mit der Linken eine große Zeitung vom Tisch und machte sich unter Füßestampfen daran, Gregor durch Schwenken des Stockes und der Zeitung in sein Zimmer zurückzutreiben. (S. 47, Z. 648 ff.)	jedoch insgesamt nur mit bescheidenen Geistesgaben ausgestatteten Handelsvertreters, dass er seine veränderte körperliche Verfassung dabei in keiner Weise bedachte. Selbst Frau Samsa, die von ihrem Sohn im Vorbeigehen kurz angesprochen wurde, erkannte seine Stimme nicht mehr, sondern fühlte sich vielmehr – offensichtlich wollte das Insekt sie beißen – bedroht und flüchtete sich in die Arme ihres Mannes, sie war eine unselbstständige, zu Hysterie neigende Frau. Doch wie so oft erreichte sie auch dieses Mal bei ihrem Gatten, was sie bezweckt hatte: Er machte sich daran, den Käfer wieder in das Zimmer zurückzuscheuchen. Dazu benutzte er den liegengebliebenen Stock des Prokuristen sowie seine Morgenzeitung, die er jetzt viel lieber gelesen hätte. Insbesondere interessierten ihn die Aktienkurse, denn er plante, das angesparte kleine Familienvermögen in Wertpapieren anzulegen. Inzwischen war es 7.18 Uhr, das ganze Geschehen hatte nur drei Minuten gedauert.

(Franz Kafka: Die Verwandlung. In: Franz Kafka: Die Verwandlung, Das Urteil und andere Erzählungen. München 2008)

Aufgaben:

1. Notieren Sie mindestens vier Unterschiede zwischen beiden Erzählweisen und belegen Sie diese mit Beispielen.
2. Arbeiten Sie heraus, welche Vor- und Nachteile die jeweilige Erzählweise für den Leser haben könnte.

Die Verwandlung: zur Bedeutung der Tiergestalt

Alternative 1: Gregor als Wellensittich

Der herbeigerufene Schlosser öffnete die Tür mit wenigen geschickten Handgriffen. Alle erstarrten in atemloser Spannung. Kaum aber war die Tür einen Spalt breit offen, flatterte ein wunderschöner, gelb-blau-grün getupfter Wellensittich heraus, flog eine elegante Schleife über dem Wohnzimmertisch und ließ sich wie selbstverständlich neben Gregors Kaffeetasse nieder, wo er aufs possierlichste begann, sein buntes Gefieder zu putzen. Die Mutter erholte sich als Erste von ihrer Verblüffung …

Alternative 2: Gregors Rückverwandlung

„Seht her", sagte die Mutter, als sie das Schnappen des Käfers sah, „er will seinen gewohnten Morgenkaffee trinken, es ist also doch unser guter Gregor." Nicht ohne Furcht, aber doch voller Gottvertrauen ging sie zu ihm hin und strich behutsam über Gregors Chitinpanzer. Wo sie ihn berührte, kam wieder die gewohnte Menschenhaut zum Vorschein, sodass Gregor nach wenigen Minuten wieder der Alte war und sich lediglich wunderte, warum er auf dem Boden in einer Kaffeepfütze lag. Vom Treppenhaus her kam wieder der Prokurist herbei, nicht ohne sich zu bekreuzigen. Auch der Vater trat verlegen näher …

Aufgabe:

Welchen Fortgang könnte die Handlung jeweils nehmen? Schreiben Sie die Handlungsalternativen weiter.

Die Verwandlung: zur Zeichnung der Tiergestalt

Am 25. Oktober 1915 schrieb Franz Kafka an seinen Verleger Kurt Wolff:

„Sehr geehrter Herr!
Sie schrieben letzthin, dass Ottomar Starke ein Titelblatt zur Verwandlung zeichnen wird. Nun habe ich einen kleinen, […] wahrscheinlich sehr überflüssigen Schrecken bekommen. Es ist mir nämlich, da Starke doch tatsächlich illustriert, eingefallen, er könnte etwa das Insekt selbst zeichnen wollen. Das nicht, bitte das nicht! […] Das Insekt selbst kann nicht gezeichnet werden. Es kann aber nicht einmal von der Ferne aus gezeigt werden. […] Wenn ich für eine Illustration selbst Vorschläge machen dürfte, würde ich Szenen wählen, wie: die Eltern und der Prokurist vor der verschlossenen Tür oder noch besser die Eltern und die Schwester im beleuchteten Zimmer, während die Tür zum ganz finsteren Nebenzimmer offen steht."

(Franz Kafka: Briefe 1902 – 1924, Frankfurt a. M. 1975, S. 135 f.)

Starke hielt sich an Kafkas Vorgabe – mit folgendem Titelbild der Erstausgabe:

akg-images/Archiv Klaus Wagenbach

Aufgaben:

1. Überlegen Sie sich eine plausible Begründung für Kafkas „Zeichenverbot" der Tiergestalt und halten Sie dazu einen Kurzvortrag.
2. Beschreiben Sie, welchen Eindruck das endgültige Umschlagbild auf Sie macht.

DIE VERWANDLUNG: **die Tiergestalt als Comic**

Es verging eine kleine Weile […], ringsherum war es still […] Da läutete es […] Der Vater war gekommen […] Gregor mußte den Vater jetzt zu besänftigen versuchen. […] Und so flüchtete er sich zur Tür seines Zimmers und drückte sich an sie, damit der Vater […] sehen konnte, daß Gregor die beste Absicht habe, sofort in sein Zimmer zurückzukehren […] (S. 71)

Aufgaben:

1. Vergleichen Sie Textgestaltung und Illustration im Comic mit den Wirkungen, die der nicht-illustrierte Originaltext auf Sie ausübt.
2. Welche Unterschiede nehmen Sie wahr? Beschreiben Sie diese.
3. Diskutieren Sie vor diesem Hintergrund noch einmal Kafkas Ablehnung einer Zeichnung des Insekts.

Die Verwandlung: die Fortschreibung der Geschichte von einem Zeitgenossen

Karl Brand

Die Rückverwandlung des Gregor Samsa

Man hatte den entsetzlichen Wanzenkadaver des Gregor Samsa mit dem Abdeckerwagen fortschaffen lassen. Dieser hatte den trockenen und abgemagerten Leib mit seinen Gehilfen vor die Stadt gefahren und denselben auf einem ungeheuerlichen Kehrichthaufen abgeladen. Wie lange der tote, vermorschte Leib daselbst auf das Verscharren wartete, läßt sich nicht feststellen, doch begann derselbe bereits durch den Einfluß der Sonnenhitze einen entsetzlichen Pestgeruch zu verbreiten. Die zahllosen Fliegenschwärme, die bei Tag den ungeheuren Kehrichthaufen bewimmelten, trauten sich ob dieses furchtbaren Aussehens und Gestankes nicht an ihn heran.

Die Sonne begann hinter den die Stadt umgebenden Hügeln niederzukriechen, und ein kühler Tau begann mit Einbruch der Dunkelheit herabzufallen, so daß der Wanzenleib des toten Gregor Samsa gänzlich von großen Tautropfen besät war.

Die um ihn herumliegenden Papiere und alten gebrochenen Stein- und Blechtöpfe hätten, wenn die Finsternis nicht so dicht gewesen wäre, bemerken können, daß Gregor Samsa plötzlich mit den drei linken, freiliegenden Beinchen zu zittern begann, jedoch hätten sie wohl diesem Zittern keine Bedeutung beigemessen, da sie angenommen hätten, daß der Wind es sei, der seine Gliedmaßen bewege. Jedoch war dem nicht so. Im Gegenteil: Gregor Samsas toten Leib begann ein seltsames Etwas zu durchrinnen, das einem plötzlichen Denkenkönnen gleich und sich ewig in dem einzigen Satze: „Morgen will ich mich zusammenraffen und vor sie hintreten“, äußerte. Weiter ging dieser Gedankenstrahl nicht, Gregor Samsa konnte nicht einmal enträtseln, was dieser seltsame Satz zu bedeuten habe.

Es vergingen Stunden. Nach deren Verlauf konnte er jedoch insoweit Herr seines Denkens werden, daß er nach furchtbaren Anstrengungen wenigstens den Willen erlangte, von hier fort zu kommen. Und da seine Gedanken im Verlauf weiterer Stunden sich immer mehr und mehr zu sammeln und sich wie eine einzige, lange Kette aneinander zu reihen begannen, bemerkte er zu seinem Entsetzen, daß mit seinem Wanzenleib eine große, seltsame Veränderung vor sich ging. Er konnte dieselbe nicht erkennen, sondern hatte nur das Gefühl, daß sich sein hinteres Paar Gliedmaßen und mit ihm sein ganzer Leib sich auf unerklärliche Weise zu verlängern begann.

Und dabei kam es Gregor Samsa zum furchtbaren Bewußtsein, daß er lebe, vor kurzem für tot gehalten wurde und seit Jahren in eine ungeheuere, häßliche Wanze verwandelt worden war. Wie lange hatte er diese Tatsachen nicht mehr gedacht. Er suchte Gewißheit darüber zu erlangen, wieviel Tage wohl seit seinem angeblichen Tod und seinem jetzigen Erwachen verstrichen sein mochten.

Dann sagte er sich, daß er ruhig bleiben müsse, bis es wieder Tag werden würde, um dann bei Licht zu beschließen, was weiter zu tun sei. Aber dennoch versuchte er es, sich darüber Gewißheit zu verschaffen, wo er wohl jetzt wäre, und bemerkte, daß er in etwas Weichem lag. Er getraute sich jedoch nicht, seine Gliedmaßen zu benützen. Ein Bett konnte es nicht sein, worin er lag. Stroh oder Heu noch weniger. Langsam aber wurde ihm das Atmen schwer, und da er mit seinem Gesicht fast gänzlich nach unten lag, mußte er notgedrungen zuerst den Kopf heben, und da er denselben nicht immer steif halten konnte, auch den Rumpf gänzlich zur Seite drehen. Mit Erstaunen bemerkte er hierbei, daß ihm zwei seiner Gliedmaßen schmerzlos abfielen. Er

Die Verwandlung: die Fortschreibung der Geschichte von einem Zeitgenossen

stützte sich auf. Es kam ihm dabei vor, als ob er Hände habe. Ein peinigendes Verlangen, sich auf die unteren zwei Gliedmaßen aufzustellen, überfiel ihn, aber er war schließlich zu feig, sich auszudenken, daß er wieder Menschengestalt angenommen haben könnte.

Die Zeit schlich ihm nun langsam dahin. Er horchte gespannt, ob er nicht den Schlag einer Uhr der Vorstadtkirchen vernehmen werde. Er lag regungslos auf der Seite und horchte. Dann schlug es Viertel. Nach langem, zehrendem Warten Halb, Dreiviertel, bis er endlich die Uhr Drei schlagen hörte. Ein Frösteln überfiel ihn.

Er dachte: Also noch anderthalb Stunden, bis es Tag wird und mit ihm Licht. Er wollte nicht denken. Aber immer wieder kam der lange, marternde Kreislauf seiner Gedanken zurück. Gregor wurde die bloße Ahnung mit jeder Minute immer mehr Gewißheit, daß irgend etwas mit ihm vorgefallen sei und daß er – und er zitterte vor Angst am ganzen, hageren Körper – wieder Menschengestalt angenommen habe. Schließlich bog er seine oberen Gliedmaßen verzweifelt an die Stirn und schlug sich an die Schläfen. Mit Entsetzen fühlte er, daß er Finger habe, menschliche Hände habe.

Er riß alle, in ihm schlummernden Kräfte auf und sprang auf seine Füße empor. Die Finsternis war noch dicht und undurchdringlich, und er sah keine Handbreit Weges vor sich. „Gehen", fiel ihm ein. Und er versuchte zu gehen. Aber seine Knie zitterten. Kaum erhielt er Gleichgewicht; und da er den Fuß im Schritt vorsetzen wollte, stürzte er wieder zu Boden. Sein Gesicht wurde heiß, über den Rücken fuhr ihm eisige Kälte, und er fühlte, daß er fieberte. Wie sollte er nach Hause kommen? Schmerz und Schwäche zwangen ihn, regungslos liegen zu bleiben. Eine unsägliche Furcht überfiel ihn, daß er sterben werde. Sein zerwühltes Inneres wehrte sich gegen diesen Gedanken.

Sein Elend kam ihm ins Gedächtnis: „Hatte einer so viel gelitten wie ich? Niemand. Nun bin ich alt und habe kein Leben hinter mir, das ich Leben nennen könnte."

Im Rücken fühlte er einen brennenden Schmerz. Die Finger tasteten an jene Stelle. Jetzt erst besann sich Gregor Samsa, daß es jene Wunde sei, die ihm sein Vater verursacht habe, da er wütend einen Apfel nach ihm geworfen hatte.

Und nach dem ersten Lichtstrahl des Morgens, der ihn befiel und ihn seine Menschengestalt sehen ließ, begann er folgende Rede zu halten:

„Verkünder des Tages! Das große Leid, das ich durchlebte, machte mich wiederum zum Menschen. Ich habe niemals über das Schicksal nachgedacht, nun aber lerne ich, zu grübeln. Das Schicksal will, daß ich wieder vor jene Menschen hintrete, die ich Vater, Mutter, Schwester, Chef und Kollegen nenne, und die nichts für mich übrig hatten, da mein Leib vermorschte; die mich haßten und fürchteten, mich aus Scham vor anderen verbargen und deren Haß so weit ging, daß sie meinem Leib Wunden schlugen."

„Vater! Wie soll ich nun vor dich hintreten, ohne meine Schmerzen und Leiden an dir zu rächen? Ohne dir zu fluchen? Mein Leben war kein Leben. Es war eine maßlose Stumpfheit, die keine Jugend, keine Freude kannte. Nun bin ich wieder Mensch. Ein Greis fast, schwach und ohne Halt. Und ich weiß nicht mehr, als daß mein ganzes Sein ein einziges, großes Elend ist – eine einzige ungeheuer geahnte, ewig erfüllte Sehnsucht. Ich weiß nicht mehr, als daß ich jetzt schwach bin und friere."

Und er lag lange stumm am Boden und dachte nach und wartete, ob seine Schwäche, die ihn noch immer gefesselt hielt, schwinden würde. Das große Schweigen, das um ihn war, breitete jetzt eine große Ruhe aus, und sein Inneres ward ruhig und voll Güte.

Die Sonne kroch langsam ihren Himmelsweg empor und breitete sanfte Wärme um ihn. Gre-

DIE VERWANDLUNG: die Fortschreibung der Geschichte von einem Zeitgenossen

gor Samsa lag schweigend und sah ruhig dem Ätherbogen des Himmels an, der wortlos und ruhig, nur von ihm gehört zu ihm sprach: „Stehe auf! Gehe jetzt."
Und Gregor Samsa erhob sich und ging. Seine Schritte waren langsam, aber fest und unerbittlich. Und als er zu den ersten Häusern der Stadt gelangte, schrieen ihm die Häuserketten zu: „Ein neues Leben beginnt!"

(Franz Kafka: Die Verwandlung, Prag: Vitalis-Verlag, 2. Aufl. 1998)

Brand, Karl *15. 10. 1895 in Witkowitz (Mähren), † 17. 3. 1917 in Prag.
Expressionistischer, heute nahezu vergessener Dichter aus dem Kreis um Franz Kafka. Die Geschichte DIE RÜCKVERWANDLUNG DES GREGOR SAMSA, die am 11. Juni 1916 im „Prager Tagblatt" veröffentlicht wurde, zeigt die Identifikation des jungen, an Tuberkulose erkrankten Karl Brand mit der Zentralfigur aus Franz Kafkas VERWANDLUNG, und wird damit zum beredten Zeugnis der starken Wirkung der Erzählung auf die zeitgenössischen Leser.
Das Lebensschicksal des Dichters Brand, dessen künstlerische Leistungen besonders durch Johannes Urzidil und Franz Werfel Würdigung erfuhren, zeigt überraschende Parallelen zu jenem Gregor Samsas: „Alle arbeiten meinetwegen, denn ich bin ja der Parasit, der das Geld aufzehrt, das man zurücklegen oder sinnvoll verbrauchen könnte. Ich liege da oder krieche herum, wanzen- und mistkäferartig und zu nichts gut."

Aufgaben:

1. Beurteilen Sie den oben stehenden Text, der zu Lebzeiten Kafkas erschien und eine Weiterführung seiner ‚Verwandlung' darstellt. Was gefällt Ihnen gut? Was halten Sie für weniger gelungen? Begründen Sie Ihre Meinung.
2. Vergleichen Sie die Schlüsse der beiden Erzählungen und legen Sie dar, welche ‚Botschaft' dem Leser jeweils mitgegeben wird.

Der Heizer: Simulation einer Redaktionskonferenz

Kafka für Schüler von heute

Ein Verlag plant die Herausgabe einer neuen Reihe zu berühmten Autoren und Autorinnen der deutschsprachigen Literatur für junge Leser. Jeder Band soll neben Auszügen aus den Originaltexten auch Informationen über Autor und Werk sowie Interpretationen enthalten. Um die Zielgruppe zu erreichen, sollen die Bände ansprechend gestaltet und die Texte durch Fotos, Illustrationen, Grafiken, Schaubilder usw. ergänzt werden.
Bilden Sie Gruppen zu drei bis vier Schülern und übernehmen Sie die Rollen von Redakteuren des Verlags, die für den Band über Franz Kafka verantwortlich sind.

Aufgaben:

1. Die Erzählung Der Heizer soll in Auszügen in den Band zu Franz Kafka aufgenommen werden. Notieren Sie nach der Lektüre der Erzählung Der Heizer Ihre ersten Eindrücke, indem Sie folgenden Satz ergänzen: „In der Erzählung geht es um …"
2. Vergleichen Sie Ihre Ergebnisse in Ihren Redaktionsgruppen und überlegen Sie, inwiefern der Text auch heutige Leser ansprechen könnte. Erarbeiten Sie gemeinsam einen knappen Einführungstext in die Erzählung.
3. Suchen Sie zunächst in Einzelarbeit geeignete Ausschnitte aus der Erzählung. Vergleichen und begründen Sie Ihre Vorschläge und treffen Sie eine Entscheidung.
4. Suchen Sie den Text der Erzählung im Internet und kopieren Sie die ausgewählten Textausschnitte in ein eigenes Dokument. Fügen Sie Ihre Einleitung (s. Aufgabe 2) ein und verfassen Sie Überleitungen zwischen den Originaltextstellen. Achten Sie auf ein übersichtliches Layout.
5. Suchen Sie im Internet nach Bildern, die zur Illustration der Erzählung geeignet sind. An welcher Stelle bzw. welchen Stellen des Textes sollen diese Bilder erscheinen? Begründen Sie. Fügen Sie die Bilder in Ihr Dokument ein. Geben Sie die Bildquellen an (Urheberrecht!).
6. Überlegen Sie sich, welche Fragen junge Leser an den Text haben könnten. Ordnen Sie die Fragen zu Themenkomplexen, z. B. Entstehungsgeschichte, biografische Hintergründe, Titel, Amerikabild, Erzählmittel. Bearbeiten Sie diese Themenkomplexe unter Verwendung von Zusatzinformationen (Schulbücher, Literaturlexika, Literaturgeschichten, Internet) und stellen Sie Ihre Ergebnisse in übersichtlicher Form dar (Tabelle, Diagramm, Schaubild o. Ä.).
7. In einer Interpretation heißt es: „Kafkas Helden […] sind *Einzelne*. Aus Bindungen innerhalb der Familie oder sonstiger Gruppen haben sie sich bereits *gelöst* […]. Ihre Umwelt erfahren Sie als eine feindliche *Fremde*, deren Regeln sie nicht genau kennen." (Karl-Heinz Fingerhut, 1981).
   Untersuchen Sie, inwiefern diese Aussagen auf Karl Roßmann zutreffen, und belegen Sie Ihre Ergebnisse mit Textstellen (Zitate).
8. Verfassen Sie auf der Grundlage von Fingerhuts Deutungsansatz eine Interpretation der Erzählung.

Der Heizer: Cover zum Roman Amerika

Aufgaben:

1. Beschreiben Sie die drei Cover des Romanfragments Amerika von Franz Kafka.
2. Interpretieren Sie diese Bilder vor dem Hintergrund Ihrer Textkenntnis des ersten Romankapitels, Der Heizer.
3. Entwerfen Sie ein Titelbild für eine Neuausgabe des Romans (Format: DIN A4, auf DIN-A3-Papier aufgeklebt). Tipp: Arbeiten Sie mit Ihrer Lehrkraft im Fach Kunst zusammen.
4. Stellen Sie die Entwürfe im Klassenzimmer aus und betrachten Sie diese in einem Galeriegang. Entscheiden Sie sich für Ihren Favoriten und markieren Sie diesen mit einem Klebepunkt.
5. Prämieren Sie die drei Titelbilder, die die meisten Punkte erhalten haben, und schreiben Sie aus der Rolle der Jury eine Begründung für Ihre Entscheidung, die Sie der Klasse vortragen.

Der Heizer: zum Romanfragment Der Verschollene

Der Heizer, erstmals 1913 im Verlag Kurt Wolf als eigenständige Erzählung erschienen, ist das erste Kapitel eines Romans mit dem Titel Der Verschollene, der 1912/1913 entstand. Nach Kafkas Tod veröffentlichte Max Brod, sein Nachlassverwalter, den Fragment gebliebenen Roman unter dem Titel Amerika (1927).

Arthur Holitscher, Ellis Island

Den Kern des Eilands bildet eine große, mit einer Galerie versehene Halle im Mittelpunkt des Zentralgebäudes. Sie ist weiß getüncht; der einzige Farbenfleck in ihr ist das Sternenbanner, das von der Galeriebrüstung herunterhängt und dem Menschenkinde, das aus den Ärztehallen heraufkommend die Halle betritt, sogleich ins Auge springen soll.

Reihen von Bänken empfangen den Ankömmling, hohe eiserne Gitter umgeben diese Reihen. Kein Entkommen. Vor dem Ausgang der Reihen stehen Beamte hinter Pulten, jeder aus den Reihen muß sie passieren. Muß einem dieser Beamten, die alle Sprachen der Erde sprechen, Rede und Antwort stehen, ihm seine Papiere vorzeigen; dies ist seine erste Behörde. Wer sie glücklich passiert hat, marschiert rechts über eine Treppe hinunter, zur Fähre nach Manhattan – er ist schon so gut wie Amerikaner.

Die aber eine gelbe Karte in die Hand gedrückt erhielten, gelangen links ins Fegefeuer, wenn nicht in die Hölle. Sie kommen wieder in Räume mit hohen Gittern um sie herum, in Hallen, endlose Gänge, Gitterkorridore, die mich augenblicklich an die Schleusen in den Chicagoer Schlachthäusern erinnern, durch die die Viehherden zur Schlachtbank gejagt werden. Keiner von diesen Korridoren führt nach Amerika. Viele führen ins Labyrinth des Wahnsinns, der Verzweiflung, des Selbstmords, viele an Amerika vorbei, ins alte Land zurück, in die bleierne, endgültige Hoffnungslosigkeit. In all diesen Gitterräumen wohnt das Unglück. Dies ist Ellis Island, die Insel der Pein, des Gerichtes, der mißbrauchten Geduld, des nackten Schicksals, des ungerechten Rächers: kein Blake vermöchte den Racheengel zu zeichnen, zu singen, der über Ellis in einer Wolke von Angst, Wimmern, Folter und Gotteslästerung thront all diese Tage, die wir im freien Land verleben.

(Arthur Holitscher: Amerika. Heute und Morgen, Reiseerlebnisse. Berlin 1912)

Aufgaben:

1. Was fällt Ihnen zum Stichwort Amerika spontan ein? Halten Sie Ihre Assoziationen schriftlich fest, z. B. in einem Cluster.
2. Untersuchen Sie die Anfangspassage der Erzählung Der Heizer. Inwiefern passen Ihre eigenen Assoziationen zur Amerikadarstellung in der Erzählung?
3. Vergleichen Sie den ursprünglichen Titel Der Verschollene mit dem von Max Brod posthum formulierten Titel Amerika. Deuten Sie die beiden Titel.
4. Lesen Sie den Auszug aus der Reportage von A. Holitscher, die Kafka nachweislich als Quelle für seinen Roman benutzte. Inwiefern weicht Kafka in seiner Erzählung von dem ab, was er über die Ankunft von Auswanderern in Amerika wusste? Welche Gründe mag er dafür gehabt haben?
5. Weitere Informationen über Ellis Island finden Sie im Internet, z. B. bei Wikipedia. Beziehen Sie sie in Ihre Überlegungen mit ein.

Vor dem Gesetz: theatrale Interpretation

Vor dem Gesetz steht ein Türhüter.

Zu diesem Türhüter kommt ein Mann vom Lande und bittet um Eintritt in das Gesetz.

„Dieses Tor war nur für dich bestimmt. Ich gehe jetzt und schließe es."

Vor dem Gesetz: Parabel aus Franz Kafkas Roman Der Process

Ein Türhüter verweigert einem ganz normalen Mann vom Lande, einem Jedermann, den Eintritt in das Gesetz. Dieser wartet nun sein ganzes Leben auf die Erlaubnis des Türhüters, durch dieses Tor schreiten zu dürfen. Erst am Ende seines Lebens erkennt der Mann die grausige Wahrheit, dass er nämlich trotz des Verbotes durch das Tor hätte gehen sollen. Er hat auf die Autorität des Türhüters vertraut und damit auf die falsche Karte gesetzt. Vielmehr hätte er selbst Verantwortung für seine Schritte übernehmen müssen.
Ich kenne keine Geschichte, die klarer und tiefer das Dilemma der menschlichen Existenz zeigt, als diese einfache Parabel von Franz Kafka. Gerade wegen ihrer Einfachheit geht sie wohl so unter die Haut.

(Text und Bilder: Theater der Dämmerung, Düsseldorf)

Aufgaben:

1. Betrachten und vergleichen Sie die beiden Schattenbilder. Bewerten Sie die Darstellungsweise der Figuren. Inwieweit entspricht diese Ihrer Auffassung des Parabeltextes?
2. Das „Theater der Dämmerung" führt unter anderem Kafkas Parabel Vor dem Gesetz auf und möchte dem Zuschauer die oben stehende Deutung vermitteln. Nehmen Sie aus Ihrer Kenntnis des Textes und des Unterrichtszusammenhangs Stellung zu dieser Interpretation.

Vor dem Gesetz: Erkundung von Handlungsalternativen

Alternative 1: Der Gang durch das Tor

„Es ist möglich“, sagte der Türhüter, „jetzt aber nicht.“ Da das Tor zum Gesetz offen steht wie immer und der Türhüter beiseite tritt, bückt sich der Mann, um durch das Tor in das Innere zu sehn. Da er nichts Furchterregendes sieht, geht der Mann vom Lande durch das Tor hindurch …

Aufgabe:

Schreiben Sie die Erzählung unter dieser Voraussetzung weiter und beschreiben Sie mögliche Erlebnisse des Mannes jenseits des Tors.

Alternative 2: Abweisung und Wiederkehr

„Es ist möglich“, sagte der Türhüter, „jetzt aber nicht.“ Da das Tor zum Gesetz offen steht wie immer und der Türhüter beiseite tritt, bückt sich der Mann, um durch das Tor in das Innere zu sehn. „Nun gut“, sagt der Mann, „ich habe meine Zeit schließlich nicht zu verschenken und komme in einem Jahr wieder.“

Als diese Zeit verstrichen war, kehrte der Mann vom Lande zum Türhüter zurück und verlangte erneut den Eintritt in das Gesetz …

Aufgabe:

Schreiben Sie die Erzählung unter dieser Voraussetzung weiter und beschreiben Sie einen möglichen Handlungsverlauf, in welchem der Mann vom Lande zu einer längerfristigen Einstellung zur „Türhüter“- und Gesetzesproblematik kommt.

akg

VOR DEM GESETZ in der bildenden Kunst

Eva Raupp Schliemann: Vor dem Gesetz (Radierung)

Eva Raupp Schliemann zu Franz Kafkas Erzählungen

Kafka in der üblichen Weise zu illustrieren, d. h. den Text durch Bilder veranschaulichen, erläutern oder gar ausschmücken zu wollen, scheint mir nicht angemessen. Kafka gehört für mich zu den Dichtern, deren Texte keiner bildlichen Darstellung bedürfen.
Ich möchte in meinen Illustrationen die innere Situation der in Kafkas Erzählungen dargestellten Figuren, wie ich sie erfasse, wiedergeben. Ich vermeide es, Kafkas detaillierte Beschreibung äußerer Um- und Zustände nachzuzeichnen, weil ich die dahinter verborgene Symbolik nicht in gleicher Wertigkeit mit meinen Mitteln wiederzugeben vermag.

Aufgaben:

1. Betrachten Sie das oben wiedergegebene Bild und schildern Sie die Wirkung, die es auf Sie ausübt.
2. Erarbeiten Sie die inhaltliche Position der Künstlerin zu Illustrationen von Kafkas Erzählungen und diskutieren Sie diese.
3. Untersuchen Sie, inwieweit das Bild die „innere Situation" des ‚Mannes vom Lande' wiedergibt. Halten Sie – unter Verweis auf die Illustration (Folie) – einen Kurzvortrag darüber.

VOR DEM GESETZ: Auslegungsdebatte im Roman DER PROCESS

Die Parabel im unmittelbaren Kontext

„Der Türhüter hat also den Mann getäuscht“, sagte K. sofort, von der Geschichte sehr stark angezogen. „Sei nicht übereilt“, sagte der Geistliche, „übernimm nicht die fremde Meinung ungeprüft. Ich habe dir die Geschichte im Wortlaut der Schrift erzählt. Von Täuschung steht darin nichts.“ „Es ist aber klar“, sagte K., „und deine erste Deutung war ganz richtig. Der Türhüter hat die erlösende Mitteilung erst dann gemacht, als sie dem Manne nicht mehr helfen konnte.“ „Er wurde nicht früher gefragt“, sagte der Geistliche, „bedenke auch, daß er nur Türhüter war, und als solcher hat er seine Pflicht erfüllt.“ „Warum glaubst du, daß er seine Pflicht erfüllt hat?“ fragte K., „er hat sie nicht erfüllt. Seine Pflicht war es vielleicht, alle Fremden abzuwehren, diesen Mann aber, für den der Eingang bestimmt war, hätte er einlassen müssen.“ „Du hast nicht genug Achtung vor der Schrift und veränderst die Geschichte“, sagte der Geistliche. „Die Geschichte enthält über den Einlaß ins Gesetz zwei wichtige Erklärungen des Türhüters, eine am Anfang, eine am Ende. Die eine Stelle lautet: daß er ihm jetzt den Eintritt nicht gewähren könne, und die andere: dieser Eingang war nur für dich bestimmt. Bestände zwischen diesen beiden Erklärungen ein Widerspruch, dann hättest du recht, und der Türhüter hätte den Mann getäuscht. Nun besteht aber kein Widerspruch. Im Gegenteil, die erste Erklärung deutet sogar auf die zweite hin. Man könnte fast sagen, der Türhüter ging über seine Pflicht hinaus, indem er dem Mann eine zukünftige Möglichkeit des Einlasses in Aussicht stellte. Zu jener Zeit scheint es nur seine Pflicht gewesen zu sein, den Mann abzuweisen, und tatsächlich wundern sich viele Erklärer der Schrift darüber, daß der Türhüter jene Andeutung überhaupt gemacht hat, denn er scheint die Genauigkeit zu lieben und wacht streng über sein Amt. Durch viele Jahre verläßt er seinen Posten nicht und schließt das Tor erst ganz zuletzt, er ist sich der Wichtigkeit seines Dienstes sehr bewußt, denn er sagt: ‚Ich bin mächtig‘, er hat Ehrfurcht vor den Vorgesetzten, denn er sagt: ‚Ich bin nur der unterste Türhüter‘, er ist nicht geschwätzig, denn während der vielen Jahre stellt er nur, wie es heißt, ‚teilnahmslose Fragen‘, er ist nicht bestechlich, denn er sagt über ein Geschenk: ‚Ich nehme es nur an, damit du nicht glaubst, etwas versäumt zu haben‘, er ist, wo es um Pflichterfüllung geht, weder zu rühren noch zu erbittern, denn es heißt von dem Mann, ‚er ermüdet den Türhüter durch sein Bitten‘, schließlich deutet auch sein Äußeres auf einen pedantischen Charakter hin, die große Spitznase und der lange, dünne, schwarze, tartarische Bart. Kann es einen pflichttreueren Türhüter geben? […]

(Franz Kafka: Der Proceß. Kritische Ausgabe nach der Fassung der Handschrift, hrsg. von Hans-Gerd Koch, Frankfurt/M. 1996, S. 227–229)

Aufgaben:

1. Erörtern Sie in der Gruppe die vom Gefängnisgeistlichen und Josef K. vorgebrachten Argumente.
2. Wessen Argumenten würden Sie zustimmen? Welche Einschränkungen würden Sie vornehmen?
3. Welche zusätzlichen Informationen benötigen Sie gegebenenfalls?

IN DER STRAFKOLONIE: eine literarische Vorlage

Octave Mirbeau (1850–1917): Der Garten der Qualen

[...] Und von dieser entzückenden Flora hoben sich Schaffote, Kreuzigungsbalken, Galgen, die in schreienden Farben gemalt waren, schwarze Schandsäulen, an deren Gipfel scheußliche Dämonenmasken grinsten, hohe Pranger für die einfache Erwürgung, niedrigere kunstvoll eingerichtete Galgen zur Zerstückelung der Leiber. Auf dem Gestell dieser Qualsäulen befand sich ein Blüthenmeer von Ipomeen und Daurien, von Lophospermen, von Coloquinten, die mit teuflischem Raffinement zwischen Clematiten und Atragenen angebracht waren ... Und die Vögel sangen hier ihre Liebeslieder.

Am Fuße eines dieser Galgen, dessen Umgebung gleich einer Gartenterrasse mit Blumen bepflanzt war, saß ein Henker, sein Besteck von Marterwerkzeugen zwischen den Beinen, und reinigte seine Stahlinstrumente mit Seidenfetzen; sein Kleid war mit geronnenem Blut befleckt, die Hände schienen förmlich rothe Handschuhe zu tragen. Rund um ihn schwirrten und summten, ganz wie um ein Aas, Fliegenschwärme ... Aber in dieser Umgebung von Blumen und Wohlgerüchen war das weder widerwärtig noch schrecklich. Man hätte sagen können, daß auf sein Kleid ein Regen von Blüthen von dem benachbarten Quittenbaum niedergegangen sei. Übrigens hatte er einen friedlichen, faulen Bauch. Sein Gesicht drückte in dem ruhigen Zustande, in dem er sich befand, freundliche Ehrbarkeit, sogar Jovialität aus, die Jovialität eines Chirurgen, der eine schwierige Operation glücklich ausgeführt hat. Als wir dicht an ihm vorüberkamen, blickte er auf und grüßte uns höflich.

Clara redete ihn in englischer Sprache an.

– Es ist zu bedauern, daß Sie nicht vor einer Stunde gekommen sind, sagte der gute Mann, da hätten Sie einen sehr schönen Vorgang zu sehen bekommen, den man nicht alle Tage vor Augen hat ... Eine außergewöhnliche Leistung, Mylady! ... Ich habe einen Menschen umgestaltet vom Kopf bis zum Fuße ... nachdem ich ihm die ganze Haut vom Leibe gezogen hatte ... Er war so schlecht gebaut ... Hahaha! ...

Sein Bauch, der von dem Lachen geschüttelt wurde, schwoll an und leerte sich wieder mit einem dumpfen Geräusch von Blähungen. Ein nervöses Zucken verzog ihm die Mundwinkel bis zum Wangenbein, gleichzeitig wurden durch dieselbe Bewegung die Augenlider herabgezogen bis zu den Lippen, fast zwischen die dicken Falten der Haut. Es war eine Grimasse – eine Summe von Grimassen –, die seinem Gesicht einen Ausdruck komischer und gespenstischer Grausamkeit gaben.

Clara fragte:

– Also war er es ohne Zweifel, dem wir soeben begegneten?

– Ach! Sie sind ihm begegnet? rief der gute Kerl geschmeichelt ... Na also! Was sagen Sie dazu? ...

– Es war schauderhaft! rief Clara mit ruhiger Stimme, die dem Abscheu ihrer Äußerung widersprach.

Darauf setzte der Henker uns auseinander:

– Es war nur ein elendiglicher Kuli des Hafens ... ein Nichts, Mylady ... Sicherlich verdiente er nicht die Ehre, die man ihm mit einer so schönen Arbeit anthut ... Er hatte einen Sack Reis, glaube ich, Engländern gestohlen ... unsern lieben guten Freunden, den Engländern ... Als ich ihm die Haut vom Leibe gezogen hatte und sie nur noch durch zwei kleine Knöpfchen an den Schultern festgehalten wurde, zwang ich ihn einige Schritte zu machen. Mylady! ... Hahaha! ... Das war wirklich eine vorzügliche Idee! ... Man konnte sich vor Lachen bei dem Anblick krümmen ... Es war, als ob er auf dem Leibe ... wie nennen Sie doch dieses Ding? ... ach ja richtig ... einen Mac-Ferlan[1] trüge ... Nie war er so schön bekleidet gewesen, der Hund, noch durch einen kunstverständigeren Schneider ... aber seine Knochen waren so hart, daß ich einige Zähne meiner Säge ausgebrochen habe ... dieser hübschen, kleinen Säge, die Sie hier sehen.

Ein kleines, weißliches, fettiges Stück Fleisch war zwischen den Zähnen der Säge hängen geblieben ... Er schnellte es mit einem Schlage des Fingers nochmals weg, so daß es auf den Rasen mitten unter die Blümlein flog.

– Das war Hirn, Mylady! ... rief der lustige Biedermann ... Kostbar scheint es gerade nicht zu sein ...

Kopfschüttelnd fügte er hinzu:

– Man trifft überhaupt selten etwas Kostbares, denn wir arbeiten fast immer mit niedrigem Volke ... [...]

Er steckte die gereinigte Säge, die nun hell leuchtete, in den Kasten und verschloß ihn. Dieses Behältnis war herrlich in wundervollem, lackirtem Holz ausgeführt. Eine der Abbildungen darauf stellte einen Flug von Wildgänsen oberhalb eines nächtlichen Sumpfes, dessen Lotusblumen und Schwertlilien der Mond silbern beleuchtete, dar.

In diesem Augenblick warf der Schatten des Galgens auf den Leib des Henkers einen bläulichen, senkrechten Strich.

– Glauben Sie, Mylady, fuhr der geschwätzige Biedermann fort, unser Beruf verliert gleich unseren schönen

[1] Mac-Ferlan: mantelartiger Überwurf ohne Ärmel

In der Strafkolonie: eine literarische Vorlage

Töpfereien, unseren herrlichen Seidenstickereien und unseren schönen Bildern immer mehr ... Wir wissen heute fast nicht mehr, was eine wirkliche Qual ist ... Obwohl ich mir alle Mühe gebe, die ehrwürdigen Überlieferungen aufrecht zu erhalten, so bin ich trotzdem machtlos und kann doch nicht ganz allein den Niedergang aufhalten. Was soll ich thun? Die Henker werden heutzutage Gott weiß wo rekrutirt, es gibt keine Examen, keinen Wettbewerb mehr ... nur Protektion und Begünstigungswesen entscheidet über die Auswahl ... Natürlich fällt die Auswahl danach aus, wie Sie sich denken können. Es ist wirklich eine Schande! Früher betraute man diese bedeutenden Machtbefugnisse nur erklärten Männern der Wissenschaft an, verdienten Leuten, die zur Vollendung die Anatomie des menschlichen Körpers kannten, die Diplome besaßen, Erfahrung oder natürliches Genie. Heute ist das alles zum Teufel gegangen. Der letzte Schuhflicker bildet sich ein, diese ehrwürdige und schwierige Stellung ausfüllen zu können. Es gibt weder Hierarchie noch Überlieferungen mehr! Alles vergeht ... Wir leben in einem Zeitraum des Niederganges ... Ja, Mylady, es gibt in China eine Art Fäulniß, es ist etwas faul im Staate China ...
Er seufzte tief, wies auf seine tiefrothen Hände, dann auf das Behältniß, das am Rasen glänzte, und fuhr fort:
– Dennoch suche ich so gut wie ich kann, mich zu bethätigen und wie Sie sahen, unseren verlorenen Ruhm wieder auf die alte Höhe zu heben. Denn ich bin ein richtiger konservativer, ein national gesinnter Mann, der sich nicht vom rechten Wege abbringen läßt. Mich widern alle diese Machenschaften, alle diese neuen Moden an, die uns unter dem Vorwande der Civilisation von den Europäern und insbesondere von den Engländern herbeigebracht werden. Oh! Ich will den Engländern sonst nichts Schlimmes nachsagen, Mylady, es sind ehrenwerthe Leute, die die höchste Achtung verdienen. Doch muß ich zugestehen, daß ihr Einfluß auf unsere Sitten jammervolle Folgen hatte. Tagtäglich nehmen sie unserem China etwas von seinem außergewöhnlichen Charakter fort ... Nur was den Gesichtspunkt der Qualen allein betrifft, Mylady, so haben sie uns bereits unendlich viel geschadet ... unendlich viel ... Das ist sehr, sehr schade! ... [...]
... Die Kunst besteht nicht nur darin, viel zu töten, zu erwürgen, zu massacriren, niederzumachen, im Block, so massenhaft, mit einem Schlage ein ganzes Menschenmaterial ... Nein, wahrhaftig! Das ist zu einfach! ... Die Kunst, Mylady, besteht darin, daß man zu töten versteht und zwar nach den Riten der Schönheit, deren göttliches Geheimnis wir Chinesen allein kennen ... Zu töten verstehen! ... Nichts ist seltener und alles ist darin enthalten ... Zu töten verstehen! ... Ich will damit sagen, menschliches Fleisch zu bearbeiten, wie ein Bildhauer seinen Thon oder ein Stückchen Elfenbein, daraus die ganze Summe, die ganze Wunderwelt von Leiden herauszuholen, die sich im Grunde seiner Schatten und Geheimnisse verbirgt ... Das ist es! ... Und dazu ist Wissenschaft, Abwechselung, Eleganz und Erfindungsgeist nöthig, kurz Genie ... Aber all das geht heutzutage verloren ... Das westliche Geckenthum überfluthet uns, die Panzerschiffe, die Schnellfeuerkanonen, die weittragenden Gewehre, die Elektricität, die Sprengstoffe ... was weiß ich? ... Alles das macht den Tod allgemein. Es führt ihn im Verwaltungswege, im Subalterndienst herbei. Kurz, alle die Schmutzereien Eures Fortschrittes verderben nach und nach unsere schönen Überlieferungen aus der Vergangenheit ... Nur noch in diesem Garten werden sie schlecht und recht bewahrt, wo wir sie wenigstens einigermaßen am Leben zu erhalten suchen. Aber mit welchen Schwierigkeiten! Wie viel Hindernisse sind zu überwinden! Was für einen ständigen Kampf gibt es! Davon haben Sie keinen Begriff! Leider fühle ich, daß es überhaupt nicht mehr lange gehen wird. Wir sind durch die Mittelmäßigkeit besiegt, der spießbürgerliche Geist triumphirt allenthalben. [...]

(Octave Mirabeau: Der Garten der Qualen, Budapest 1901, S. 189–195)

Aufgabe:

Kafka kannte diesen Text, er soll ihn bei der Abfassung von In der Strafkolonie beeinflusst haben. Arbeiten Sie Querverbindungen und Bezüge, aber auch Unterschiede zwischen beiden Texten heraus.

In der Strafkolonie: Interpretation der Werthaltungen

Peter-André Alt: Franz Kafka, der ewige Sohn

In wachsendem Maße ist der Reisende, der sich zunächst für die Ausführungen des Offiziers kaum zu interessieren schien, von der Maschine fasziniert. Der Erzähler vermerkt lakonisch, er sei nach den ersten Erläuterungen „schon ein wenig für den Apparat gewonnen". Ähnlich wie Josef K. vom Gericht (und später K. von den Schloßbehörden) fühlt sich auch der Reisende durch eine ihm fremd erscheinende Macht magnetisch angezogen. Kein Zufall ist es, daß ihn am Ende nicht der Selbstmord des Offiziers, sondern die Zerstörung der Maschine „beunruhigt". Sein an den Soldaten und den Verurteilten gerichteter Hilferuf gilt nicht der Rettung des (längst getöteten) Offiziers, vielmehr dem Versuch, die sich selbst vernichtende Apparatur aufzuhalten, um sie vor dem endgültigen Zusammenbruch zu bewahren. Der Reisende zeigt sich hier als Vertreter eines ausgehöhlt und kraftlos wirkenden Humanitätsanspruchs, der, hinter juristischen Ordnungsmustern verschanzt, nur unzureichend gegen die Verlockungen der archaischen Gewalt schützt.

„Aus der Geschichte unseres Volkes", so schreibt Kafka am 31. August 1920, „werden schreckliche Strafen berichtet. Damit ist allerdings nichts zur Verteidigung des gegenwärtigen Strafsystems gesagt." Im Inneren des liberalen Rechtsdenkens schlummert die moralische Indifferenz, an der sich die dialektische Verbindung von Gewalt und Humanität offenbart. Ähnlich wie im Urteil erweist sich bei genauerer Beobachtung, daß die Grenzen zwischen den Vertretern unterschiedlicher Werthaltungen verschwimmen. Der Reisende begegnet dem System der Folter mit einer Mischung aus Faszination und Erschrecken, die seine Position in die Zone der Zweideutigkeit rückt. Wenn es gegen Schluß der Erzählung, nachdem der Offizier die Vorkehrungen zur Selbsttötung bereits getroffen hat, heißt, der Besucher sei „entschlossen, bis zum Ende zu bleiben", so bestätigt das diesen Eindruck explizit. Die Anziehung, die von der Apparatur der Gewalt ausgeht, scheint magisch und unüberwindlich: das ist die ‚peinliche' Botschaft dieser Geschichte aus den dunklen Distrikten des Schmerzes.

(Peter-André Alt: Franz Kafka, der ewige Sohn. Eine Biographie. Verlag C. H. Beck, München 2005, S. 489)

Aufgaben:

1. Arbeiten Sie die zentrale These dieses Textes über die Erzählung In der Strafkolonie heraus und stellen Sie diese in eigenen Worten dar.
2. Überprüfen Sie die hier vorliegende Interpretation von Peter-André Alt an ausgewählten Textsstellen der Erzählung, die das Denken und Handeln des Reisenden in den Vordergrund stellen.

Ein Traum: Interpretation unter Einbeziehung eines Kafka-Briefes

An Max Brod [Planá, Stempel: 5.VII.1922]

[…] Aber wie ist es mit dem Schriftstellerdasein selbst? Das Schreiben ist ein süßer wunderbarer Lohn, aber wofür? In der Nacht war es mir mit der Deutlichkeit kindlichen Anschauungsunterrichts klar, daß es der Lohn für Teufelsdienst ist. Dieses Hinabgehen zu den dunklen Mächten, diese Entfesselung von Natur aus gebundener Geister, fragwürdige Umarmungen und was alles noch unten vor sich gehen mag, von dem man oben nichts mehr weiß, wenn man im Sonnenlicht Geschichten schreibt. Vielleicht gibt es auch anderes Schreiben, ich kenne nur dieses; in der Nacht, wenn mich die Angst nicht schlafen läßt, kenne ich nur dieses. Und das Teuflische daran scheint mir sehr klar. Es ist die Eitelkeit und Genußsucht, die immerfort um die eigene oder auch um eine fremde Gestalt – die Bewegung vervielfältigt sich dann, es wird ein Sonnensystem der Eitelkeit – schwirrt und sie genießt. […] Die Gründe für die Angst lassen sich in zwei Hauptgruppen teilen. Erstens hat er schreckliche Angst zu sterben, weil er noch nicht gelebt hat. Damit meine ich nicht, daß zum Leben Weib und Kind und Feld und Vieh nötig ist. Nötig zum Leben ist nur, auf Selbstgenuß zu verzichten; einziehn in das Haus, statt es zu bewundern und zu bekränzen. Dagegen könnte man sagen, daß das Schicksal ist und in niemandes Hand gegeben. Aber warum hat man dann Reue, warum hört die Reue nicht auf? Um sich schöner und schmackhafter zu machen? Auch das. Aber warum bleibt darüber hinaus das Schlußwort in solchen Nächten immer: Ich könnte leben und lebe nicht. Der zweite Hauptgrund – vielleicht ist es auch nur einer, jetzt wollen sich mir die zwei nicht recht sondern – ist die Überlegung: „Was spielt habe, wird wirklich geschehn. Ich habe mich durch das Schreiben nicht losgekauft. Mein Leben lang bin ich gestorben und nun werde ich wirklich sterben. Mein Leben war süßer als das der anderen, mein Tod wird um so schrecklicher sein. Der Schriftsteller in mir wird natürlich sofort sterben, denn eine solche Figur hat keinen Boden, hat keinen Bestand, ist nicht einmal aus Staub; ist nur im tollsten irdischen Leben ein wenig möglich, ist nur eine Konstruktion der Genußsucht. Dies ist der Schriftsteller. Ich selbst aber kann nicht weiterleben, da ich ja nicht gelebt habe, ich bin Lehm geblieben, den Funken habe ich nicht zum Feuer gemacht, sondern nur zur Illuminierung meines Leichnams benützt.“ Es wird ein eigentümliches Begräbnis werden, der Schriftsteller, also etwas nicht Bestehendes, übergibt den alten Leichnam, den Leichnam seit jeher, dem Grab.

(Franz Kafka: Briefe 1902–1924, Frankfurt a.M. 1975, S. 384 f.)

Aufgabe:

Interpretieren Sie die Erzählung Ein Traum unter Verwendung des oben stehenden Briefes.

Auf der Galerie: **Annäherung an den Text**

Giorgio de Chirico: Einsamkeit der Zirkusmenschen

Aufgaben:

1. Untersuchen und begründen Sie, zu welchem Textabschnitt das Bild von Giorgio de Chirico am besten passt.
2. Skizzieren Sie ein Bild für die übrig gebliebene Textpassage oder beschreiben Sie detailliert, wie diese gezeichnet werden könnte.
3. Diskutieren Sie Ihre Ergebnisse.

Wie aktuell ist Kafkas AUF DER GALERIE?

Spiegel 51/2007

Baseball-Spieler Bonds, Ermittler Mitchell (u.)

BASEBALL

Steroid-Ära

Nun hat es Amerika schriftlich, dass eine seiner beliebtesten Sportarten in einer großen Doping-Krise steckt. In der vergangenen Woche veröffentlichte der ehemalige US-Senator George J. Mitchell einen 409 Seiten umfassenden Report über den Anabolika-Missbrauch in der Major League Baseball. Der Bericht basiert auf mehr als 700 Interviews, auf Quittungen, Telefonprotokollen und E-Mails, insgesamt 115 000 Dokumentseiten. Mitchell hat 20 Monate lang geforscht und zeichnet ein Porträt der „Steroid-Ära des Baseballs“, die Ende der achtziger Jahre begonnen habe. 89 Spieler aus allen 30 Teams haben mit leistungssteigernden Mitteln betrogen, darunter 7 Profis, von denen jeder mal zum wertvollsten Spieler der Liga gewählt wurde: etwa Jason Giambi und Roger Clemens. Clemens soll zwischen 1998 und 2001 mindestens 16-mal mit Anabolika und Wachstumshormonen injiziert worden sein, was er bestreitet. Auch Superstar Barry Bonds taucht im Bericht als Anabolika-Nutzer auf. Bonds, der Spieler mit den meisten Homeruns, muss sich seit vorletzter Woche vor Gericht wegen Meineids verantworten. Er hatte in Vernehmungen um den Balco-Skandal 2003 geleugnete, wissentlich gedopt zu haben. „Über eine Dekade wurden flächendeckend Steroide genommen“, sagt Mitchell, „darunter leidet ernsthaft die Integrität dieses Sports.“

(Spiegel 51/2007)

Aufgabe:

Der Zeitschriftenartikel arbeitet mit Text-Bild-Zusammenhängen: Das Bild ist ebenso Teil der Mitteilung wie der Text.
Erörtern Sie schriftlich in Partnerarbeit, inwieweit von einem heutigen Leser Parallelen zur fiktionalen Welt von Kafkas AUF DER GALERIE gezogen werden können und wo die Unterschiede liegen.

DER JÄGER GRACCHUS: ein Bild wird lebendig

René Magritte, La reproduction interdite (1937)

Bi, ADAGP, Paris/Scala, Florence

Aufgaben:

1. Nehmen Sie sich einige Minuten Zeit und betrachten Sie das Bild des belgischen Surrealisten René Magritte.
2. Versetzen Sie sich in die Figuren: Was nehmen Sie wahr, was denken Sie, was fühlen Sie, was empfinden Sie?
3. Stellen Sie das Bild in einem Tableau nach.
4. Lassen Sie das Bild lebendig werden: Die beiden Figuren drehen sich um und beginnen miteinander zu sprechen. Spielen Sie diesen Dialog.
5. Besprechen Sie Ihre Szenen im Plenum. Tipp: Näheres über das Bild und den Maler erfahren Sie in der „Galérie virtuelle" der „Fondation Magritte" im Internet.

Der Jäger Gracchus: Textanalyse

Topographie der Erzählung

Aufgaben:

1. Untersuchen Sie, welchen Raum der Erzähler entwirft. Legen Sie dafür ein Cluster an, in dem Sie alle topographischen Angaben (z. B. Quaimauer, auf den Stufen eines Denkmals, am Brunnen usw., Haus, Tor usw.) festhalten.
2. Ordnen Sie die topographischen Angaben den Figuren zu.
3. Gruppenarbeit: Stellen Sie Figurenkonstellation und Erzählräume grafisch auf einem Plakat dar.
4. Präsentieren Sie Ihre Plakate vor der Klasse und diskutieren Sie, inwiefern sie dem Text gerecht werden.

Handlungsübersicht und Figurendeutung

Aufgaben:

1. Verschaffen Sie sich einen Handlungsüberblick, indem Sie den Text durch Zwischenüberschriften gliedern.
2. Legen Sie eine Tabelle an, in der Sie alles zusammenstellen, was Sie
   a. über den Jäger
   b. über den Bürgermeister erfahren.

Jäger Gracchus	Bürgermeister von Riva
– kommt auf einer Barke in Riva an – liegt auf einer Bahre – ist von einem Seidentuch bedeckt …	– hoher Funktionsträger – weiß schon vorher von der Ankunft des Jägers – trägt Zylinder mit Trauerband – ist bekümmert über den Unrat in der Stadt …

3. Vergleichen Sie die beiden Figuren.
4. Wer ist Ihrer Meinung nach der Protagonist der Erzählung? Begründen Sie Ihre Antwort und belegen Sie diese am Text.
5. Der Name des Jägers lässt sich von lat. graculus, ital. gracchio (die Dohle), im Tschechischen kavka, ableiten. Die Dohle ist das Geschäftsemblem Hermann Kafkas. Versuchen Sie, ausgehend von dieser Information, die Figur des Jägers Gracchus zu deuten.

akg-images/Archiv Klaus Wagenbach

DER JÄGER GRACCHUS: ein Bild wird lebendig/Textanalyse

Aufgaben zu KV 9a:

Das surrealistische Bild irritiert. Der Blick in den Spiegel zeigt dem dargestellten Mann nicht sein Gesicht, sondern wiederholt seine Rückenansicht, ohne dass deutlich wird, warum. Die Suche nach der eigenen Identität misslingt, die Kommunikation mit dem Selbst scheitert. Man könnte, wie in der expressionistischen Literatur, von einer „Dissoziation des Subjekts" sprechen.
Das Nachstellen des Bildes als Tableau wird Gefühle der Fremdheit auslösen, die im szenischen Spiel geäußert werden können. Denkbar wäre auch, dass die Spieler sich stumm einander zuwenden und den Dialog verweigern oder dass nur eine Figur spricht.

Aufgaben von KV 9 b:

Topographie der Erzählung, Handlungsübersicht und Figurendeutung

- Erzählanfang mit Alltagsszenerie in einem südlichen Hafen zur Zeit der Siesta, alltägliche, nicht individuell gezeichnete Erzählfiguren (z.B. zwei Knaben, ein Obstverkäufer, ein Mann).
- Schilderung der Ankunft des Jägers auf einer Barke und seines Weges zum Haus, zunehmende Verengung des Raums (Fenster und Tor werden geschlossen, der Jäger wird in einen kühlen, großen Raum mit sakraler Atmosphäre an der Hinterseite des Hauses gebracht, von dem aus nur eine kahle Felswand zu sehen ist).
- Beginn des Dialogs mit dem herbeigeeilten Bürgermeister erst dann, nachdem der Bootsführer in einem Nebenzimmer verschwunden ist.
- Der Jäger erzählt dem Bürgermeister seine Geschichte: früheres Leben vor dem Tod in den Bergen (= Raum der Gefahr), Ausblick, Freiheit, Verlockung durch wilde Tiere (Gämse), Leben nach dem Tod als ständige Reise entlang der Küsten, symbolische Räume z.B. Freitreppe, Holzpritsche, Holzkäfig, Barke.

Der Bürgermeister kommt über öffentliche Räume zum Jäger (Gässchen, Denkmal, Flurgang mit Spalier stehenden Knaben), spricht in seiner Funktion als Amtsträger („Im Namen der Stadt"), beklagt die Unordnung und den Schmutz seiner Stadt; nächtliche Ankündigung des Jägers im Schlafzimmer des Bürgermeisters durch eine Taube in der Größe eines Hahns am Fenster (vgl. Bibel, Taube = Friedensymbol, Hahn = Symbol des Verrats an Jesus).

Vergleich der Figuren:

- Bürgermeister: verheiratet, sesshaft, öffentliches Leben, Übernahme einer politischen Funktion, Amtsträger, sozial integriert und anerkannt.
- Jäger: tot und doch lebendig, ehemals Junggeselle, war anerkannt als Jäger, Tod durch Verlockung (Gämse = im österreichischen Dialekt Bezeichnung für Prostituierte), durch eine nicht näher erklärbare Schuld zum ewigen Umherirren verdammt, Existenz am Rande der bewohnten Welt (fährt die Küsten entlang); Bürgermeister und Jäger als zwei Aspekte ein und der selben Person, als Spiegelfiguren des Dichters Kafka (wie auf dem Bild Magrittes).

Der Jäger Gracchus: der Jäger als Künstler

Interpretation von Thorsten Valk

[…] *Der Jäger als Künstler.* Der in die Sphäre des Todes weisende Jäger besitzt ebenso wie der Bürgermeister von Riva einen sprechenden Namen. ‚Gracchus' läßt sich von dem lateinischen Terminus *graculus* und dem italienischen Begriff *gracchio* ableiten – in beiden Fällen handelt es sich um den Artennamen der Dohle, die im Tschechischen die Bezeichnung *kavka* trägt. Der Jäger Gracchus rückt bereits aufgrund seines sprechenden Namens in eine spezifische Nähe zu seinem Erfinder und Schöpfer. Worin aber bestehen die wesentlichen Gemeinsamkeiten zwischen dem Autor und seinem literarischen Spiegelbild? Kafka reflektiert im Medium des Jägers seine eigene Existenzproblematik als Schriftsteller, die er nicht nur biographisch, sondern vor allem auch historisch zu analysieren versucht.

Bevor der Jäger aufgrund eines schweren Unfalls seinen Todeskahn bestieg, führte er ein gesellschaftlich integriertes Leben. Er erlegte Wölfe und wurde für diese Tätigkeit im Dienst der Allgemeinheit mit Titeln und Auszeichnungen belohnt. Doch dann ließ er sich von einer Gemse faszinieren – er verfolgte sie, stürzte von einem Felsen und erlag seinen schweren Verletzungen. „Alles ging der Ordnung nach", erklärt der Jäger rückblickend dem Bürgermeister. „Ich erinnere mich noch wie fröhlich ich mich hier auf der Pritsche ausstreckte zum erstenmal, niemals hatten die Berge solchen Gesang von mir gehört, wie diese vier damals noch dämmerigen Wände. Ich hatte gern gelebt und war gern gestorben, glücklich warf ich, ehe ich den Bord betrat, das Lumpenpack der Büchse, der Tasche, des Jagdrocks von mir hinunter". Die Biographie des Jägers chiffriert die Genese des modernen Künstlertums, das sich an der Wende zum 19. Jahrhundert aus allen gesellschaftlichen Kontexten zurückzieht und einem hybriden Autonomiepostulat verschreibt. Wie der Jäger seine sozialen Verpflichtungen abschüttelt, um eine scheue und in felsige Höhen zurückweichende Gemse zu jagen, so legt auch der sich autonom setzende Künstler seit dem ausgehenden 18. Jahrhundert alle Bindungen ab, um sich in einer gesellschaftsfernen Idealsphäre der eigenen Innerlichkeit zuzuwenden. Doch die weitreichenden Hoffnungen des Künstlers, der sich selbst zum sozialen Außenseiter erklärt, erfüllen sich nicht. Vielmehr führen sie ihn in eine existentielle Aporie: Einerseits muß er alle Brücken zur konkreten Lebensrealität abbrechen, um sich restlos seiner eigenen Wesensbestimmung zuwenden zu können, andererseits vermag er auf dem langen Weg in die unendliche Tiefe der eigenen Innerlichkeit die Verstrickung in soziale Kontexte nicht restlos zu durchtrennen. So führt er ein Dasein am Rande der Gesellschaft, ohne sich doch vollends von ihr lösen zu können. Das gleiche gilt für den Jäger Gracchus, dessen Kahn bezeichnenderweise an den Küsten der Länder entlangfährt. Der Bürgermeister fragt ihn, ob er als Toter denn nicht am Jenseits partizipiere. Die darauffolgende Antwort des Jägers metaphorisiert die von Kafka selbst empfundene Paradoxie des modernen Schriftstellers, der sich in der Fixierung auf das Authentische und Ursprüngliche der eigenen Existenz von allen Äußerlichkeiten suspendiert, jedoch mit Notwendigkeit in die Banalität der realen Lebenswelt zurückfällt, bevor er sein Ziel erreicht. Der Jäger hält sich laut eigener Aussage beständig auf einer unendlich weiten Freitreppe auf, die ihn in eine unbestimmte Höhe führt. „Nehme ich aber den größten Aufschwung", erklärt er dem Bürgermeister, „und leuchtet mir schon oben das Tor, erwache ich auf meinem alten in irgendeinem irdischen Gewässer öde steckenden Kahn". Der Jäger hat aufgrund einer ominösen und nicht genauer spezifizierten ‚Schuld' das anvisierte Ziel seiner Totenreise nicht erreicht. Wie der fliegen-

Der Jäger Gracchus: der Jäger als Künstler

de Holländer ist er als Heimatloser zu ewiger Wanderschaft verurteilt. Er hat keinen Zugang zu jener Sphäre, die alles irdisch Begrenzte übersteigt, er findet jedoch auch keinen Weg zurück ins konkrete Leben. So verharrt er – wie der moderne Künstler – in einem Zwischenreich, in einem Niemandsland zwischen Leben und Tod. Wenn der Jäger Gracchus aus seinen visionären Träumen erwacht, überreicht ihm die Frau des Bootsführers – Figuration einer letzten Verstrickung in die kreatürliche Lebenswelt – das charakteristische Morgengetränk jenes Landes, das der Kahn auf seiner endlosen Fahrt entlang der Küsten erreicht. Die Existenzproblematik des Jägers und des modernen Künstlers ist gleichermaßen unaufhebbar. Der Rückzug aus der konkreten Lebenswelt, der doch mit Notwendigkeit immer unvollständig bleibt, trägt das Stigma einer diffusen Schuldverstrickung.

Im Eingangstableau des ersten Textfragments erreicht der Jäger auf seiner Barke den Hafen von Riva. Doch niemand registriert seine Ankunft, wie der Erzähler mit Nachdruck mehrmals betont. In nahezu zyklischer Rahmung exponiert auch das vierte Fragment den Begriff ‚niemand': „Niemand weiß von mir", bekennt der Jäger gegenüber dem Bürgermeister. „Niemand wird lesen, was ich hier schreibe". Die Kommunikation zwischen dem Jäger und seiner Umwelt ist ebenso abgebrochen wie das Verhältnis zwischen dem autonomen Künstler und seinem potentiellen Publikum. Zwischen beiden Bereichen verläuft eine tiefe Kluft, die jede Vermittlung unmöglich macht. Die Situation des Jägers korrespondiert mit der Lage des modernen Künstlers: Beide sind zum einsamen Selbstgespräch verurteilt, und ‚niemand' kann ihnen helfen. Von einer unfaßbaren und namenlosen Schuld bedrängt, verfangen sie sich in den Aporien einer heimatlosen Existenz.

(Thorsten Valk: Der Jäger Gracchus. In: Michael Müller (Hrsg.), Franz Kafka: Romane und Erzählungen. Philipp Reclam jun., Stuttgart 1994, 2003, S. 341 ff.)

Aufgaben:

1. Fassen Sie Valks Interpretationsansatz thesenartig zusammen.
2. Wie begründet Valk seine Interpretation?
3. Suchen Sie andere Texte von Kafka, in denen der Autor die Problematik der Künstlerexistenz verarbeitet. Interpretieren Sie einen dieser Texte bzw. eine Textstelle daraus.

Die Brücke: autobiografische Notizen

Aus Kafkas Tagebuch vom 29. 1. 1922

Angriffe auf dem Weg im Schnee am Abend. Immer die Vermischung der Vorstellungen, etwa so: In dieser Welt wäre die Lage schrecklich, hier allein in Spindlermühle, überdies auf einem verlassenen Weg, auf den man im Dunkel, im Schnee fortwährend ausgleitet, überdies ein sinnloser Weg ohne irdisches Ziel (zur Brücke? Warum dorthin? Außerdem habe ich sie nicht einmal erreicht.) [...] unfähig, mit jemandem bekannt zu werden, unfähig, eine Bekanntschaft zu ertragen [...] ich habe Liebende gern, aber ich kann nicht lieben, ich bin zu weit, bin ausgewiesen, habe, da ich doch Mensch bin und die Wurzeln Nahrung wollen, auch dort ‚unten' [...] meine Vertreter, klägliche, ungenügende Komödianten, die mir nur deshalb genügen können (freilich, sie genügen mir gar nicht und deshalb bin ich so verlassen), weil meine Hauptnahrung von anderen Wurzeln in anderer Luft kommt[...]

Aus einem Brief von Franz Kafka an Max Brod (1921)

[...] Angst wovor? Vor so vielem, aber auf der irdischen Ebene vor allem Angst davor, dass ich nicht hinreiche, körperlich nicht, geistig nicht, die Last eines fremden Menschen zu tragen.

ullsteinbild-Haeckel-Archiv

Alte Ansicht von dem Ort Spindelmühle/Riesengebirge

Aufgaben:

Im Januar und Februar 1922 verbrachte Kafka einige Wochen in dem Urlaubsort Spindelmühle im Riesengebirge. Nach einer lange Pause begann er wieder zu schreiben und es entstanden die ersten Kapitel des Romans Das Schloss.

1. Formulieren Sie Kafkas Lebensproblem, das in dem oben stehenden Text zum Ausdruck kommt, in eigenen Worten.
2. Setzen Sie die Aussagen zur Erzählung Die Brücke, entstanden 1916/17, in Beziehung.

DIE BRÜCKE: **Strukturskizze**

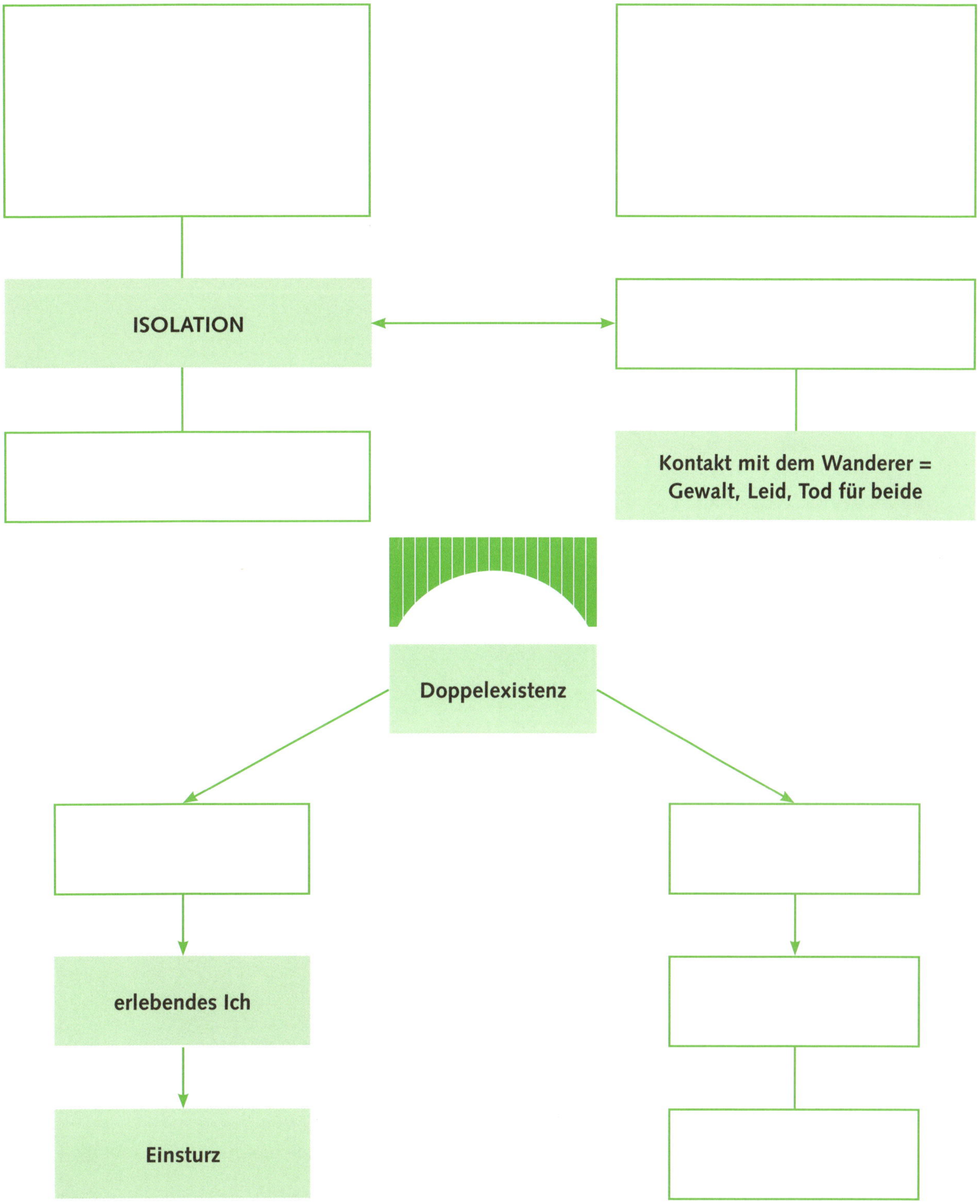

Aufgaben:

1. Ergänzen Sie die Strukturskizze zur Erzählung DIE BRÜCKE.
2. Erläutern Sie sich Ihre Ergebnisse in Partnerarbeit.
3. Verfassen Sie, ausgehend von der Strukturskizze, eine Interpretation des Textes.

Die Brücke: Strukturskizze

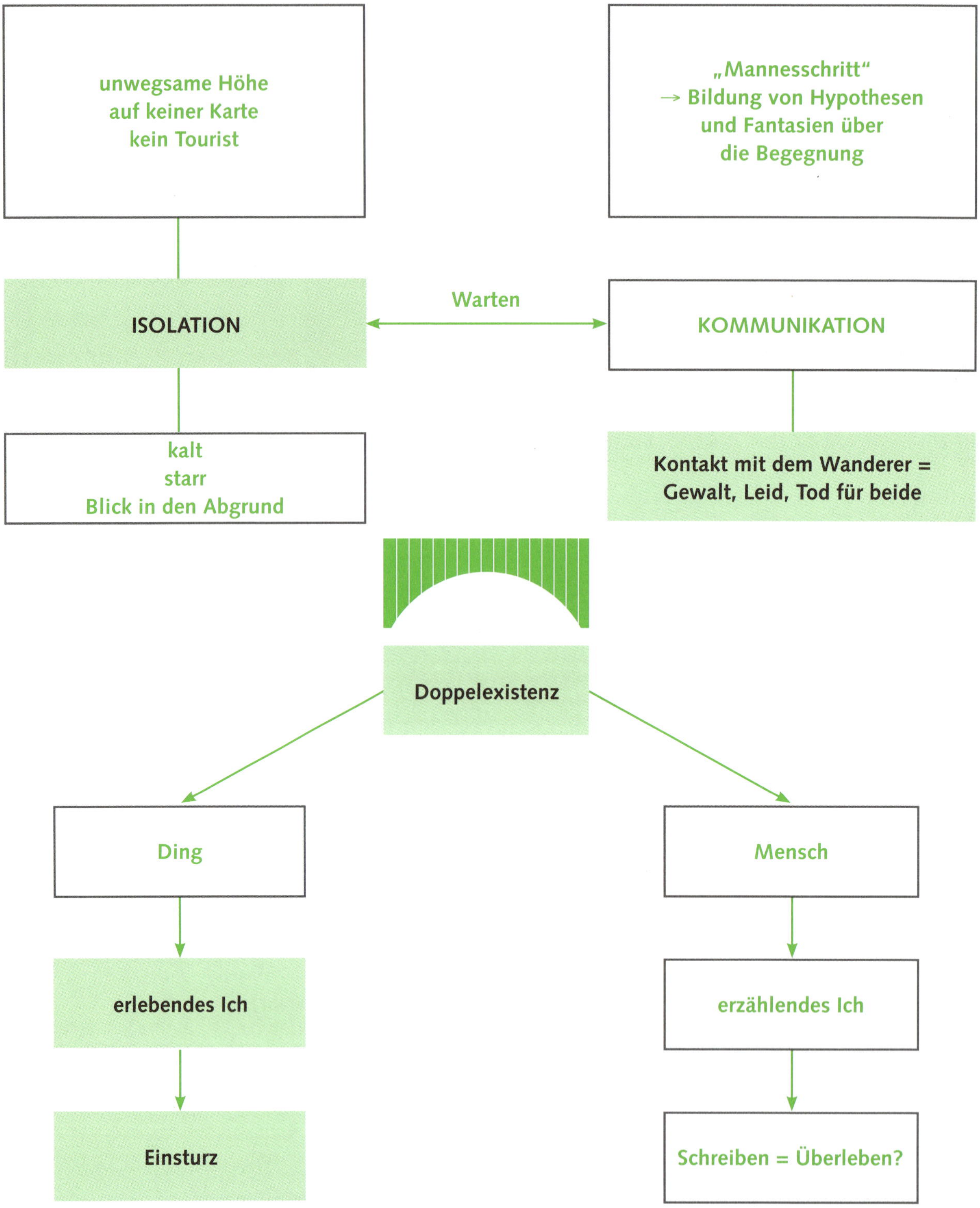

DER KÜBELREITER: das offene Ende der Erzählung

Einen Erzählfortgang schreiben

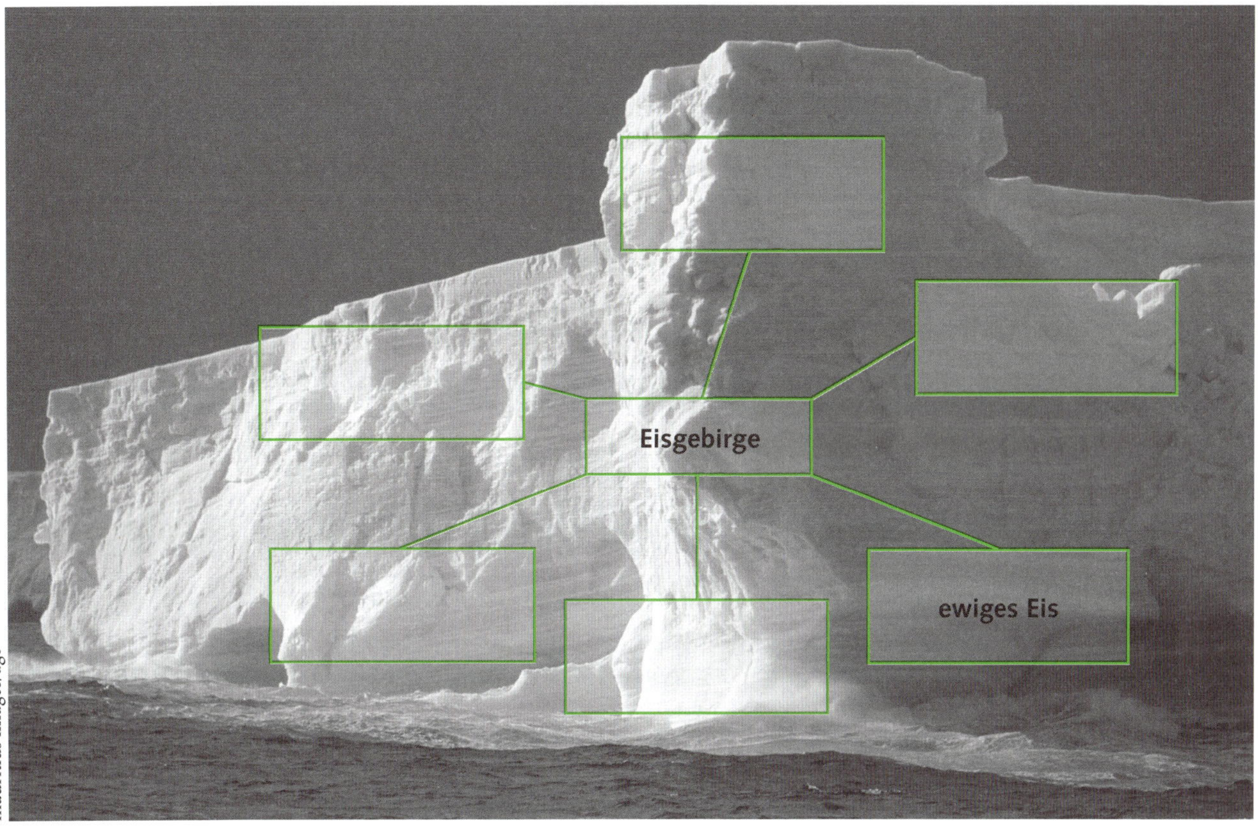

mauritius images/age

Aufgaben:

1. Lesen Sie den letzten Abschnitt der Erzählung DER KÜBELREITER noch einmal aufmerksam und genau durch. Erläutern Sie, was den Aufstieg des Kübelreiters in die „Regionen der Eisgebirge" verursacht.
2. Notieren Sie in Form eines Ideensterns (Clusters) Ihre Assoziationen zu dem Begriff Eisgebirge.
3. Verfassen Sie eine Fortsetzung der Erzählung.
4. Vergleichen Sie Ihre Ergebnisse und diskutieren Sie, inwiefern sie sprachlich und inhaltlich zu Kafkas Text passen. Mögliche Gesichtspunkte:
   - Erzählperspektive
   - Figurenzeichnung
   - Raumdarstellung
   - Aussage
   - Satzbau
   - Wortwahl

DER KÜBELREITER: Kafkas Fortsetzung der Erzählung

Epilog aus dem Oktavheft

Ist hier wärmer als unten auf der winterlichen Erde? Weiß ragt es rings, mein Kübel das einzig Dunkle. War ich früher hoch, bin ich jetzt tief, der Blick zu den Bergen renkt mir den Hals aus. Weißgefrorene Eisfläche, strichweise durchschnitten von den Bahnen verschwundner Schlittschuhläufer. Auf dem hohen, keinen Zoll breit einsinkenden Schnee, folge ich der Fußspur der kleinen arktischen Hunde. Mein Reiten hat den Sinn verloren, ich bin abgestiegen und trage den Kübel auf der Achsel.

akg

(Franz Kafka: Drucke zu Lebzeiten. Apparatband, hrsg. von Wolf Kittler, Hans Gerd Koch und Gerhard Neumann. Fischer 1996, S. 550 f.)

Aufgaben:

1. Lesen Sie den Epilog aus dem Oktavheft durch und machen Sie sich Ihre ersten Reaktionen auf den Text bewusst, indem Sie treffende Adjektive dafür notieren.
2. Vergleichen Sie Ihre eigenen Erzählfortsetzungen mit Kafkas Epilog aus dem Oktavheft. Listen Sie inhaltliche und sprachliche Unterschiede und Gemeinsamkeiten stichpunktartig auf:

eigene Fortsetzung der Erzählung	Kafkas Epilog

3. Versuchen Sie, Kafkas Epilog zu deuten.

Eine kaiserliche Botschaft: Erzählkontext

Einordnung in den Erzählkontext: Beim Bau der chinesischen Mauer

„[…] Du aber sitzt an Deinem Fenster und erträumst sie Dir, wenn der Abend kommt."

Dies ist der Schluss der Parabel, die zahlreiche Ausdeutungen erfahren hat:

- gestörte Raum-Zeit-Relationen, die bei Kafka häufig zwischenmenschliche Kommunikationsstörungen anzeigen
- gestörte Kommunikation im familiären Bereich
- Verweis auf Schreibblockaden des Schriftstellers mit der „erlösenden Botschaft" als ersehntem Fortgang der Schreibtätigkeit
- das ergebnislose Mühen des Boten als Metapher für die verfahrene militärische Lage im Weltkrieg
- Reflex auf den Tod des österreichischen Kaisers Franz Joseph I., in dem zahlreiche jüdische Untertanen ihren Anwalt erblickten; Sorgen über einen Kurswechsel des Nachfolgers Karl I.

(vgl. dazu Peter-André Alt: Franz Kafka. Der ewige Sohn, München 2005, S. 515 ff.)

Dies sind durchweg Deutungen, die das Misslingen – negativ bewertet – in den Vordergrund stellen.

Auszüge aus dem weiteren Fortgang der Erzählung

[…] Genau so, so hoffnungslos und hoffnungsvoll, sieht unser Volk den Kaiser. Es weiß nicht, welcher Kaiser regiert, und selbst über den Namen der Dynastie bestehen Zweifel. In der Schule wird vieles dergleichen der Reihe nach gelernt, aber die allgemeine Unsicherheit in dieser Hinsicht ist so groß, daß auch der beste Schüler mit in sie gezogen wird. Längst verstorbene Kaiser werden in unseren Dörfern auf den Thron gesetzt, und der nur noch im Liede lebt, hat vor kurzem eine Bekanntmachung erlassen, die der Priester vor dem Altare verliest. Schlachten unserer ältesten Geschichte werden jetzt erst geschlagen und mit glühendem Gesicht fällt der Nachbar mit der Nachricht dir ins Haus. Die kaiserlichen Frauen, überfüttert in den seidenen Kissen, von schlauen Höflingen der edlen Sitten entfremdet, anschwellend in Herrschsucht, auffahrend in Gier, ausgebreitet in Wollust, verüben ihre Untaten immer wieder von neuem. Je mehr Zeit schon vergangen ist, desto schrecklicher leuchten alle Farben, und mit lautem Wehgeschrei erfährt einmal das Dorf, wie eine Kaiserin vor Jahrtausenden in langen Zügen ihres Mannes Blut trank. […]

Wenn man aus solchen Erscheinungen folgern wollte, daß wir im Grunde gar keinen Kaiser haben, wäre man von der Wahrheit nicht weit entfernt. Immer wieder muß ich sagen: Es gibt vielleicht kein kaisertreueres Volk als das unsrige im Süden, aber die Treue kommt dem Kaiser nicht zugute. Zwar steht auf der kleinen Säule am Dorfausgang der heilige Drache und bläst huldigend seit Menschengedenken den feurigen Atem genau in die Richtung von Peking – aber Peking selbst ist den Leuten im Dorf viel fremder als das jenseitige Leben.

Eine kaiserliche Botschaft: Erzählkontext

Sollte es wirklich ein Dorf geben, wo Haus an Haus steht, Felder bedeckend, weiter als der Blick von unserem Hügel reicht und zwischen diesen Häusern stünden bei Tag und bei Nacht Menschen Kopf an Kopf? Leichter als eine solche Stadt sich vorzustellen ist es uns, zu glauben, Peking und sein Kaiser wäre eines, etwa eine Wolke, ruhig unter der Sonne sich wandelnd im Laufe der Zeiten.

Die Folge solcher Meinungen ist nun ein gewissermaßen freies, unbeherrschtes Leben. Keineswegs sittenlos, ich habe solche Sittenreinheit, wie in meiner Heimat, kaum jemals angetroffen auf meinen Reisen. – Aber doch ein Leben, das unter keinem gegenwärtigen Gesetze steht und nur der Weisung und Warnung gehorcht, die aus alten Zeiten zu uns herüberreicht. [...]

Eine Tugend ist also diese Auffassung wohl nicht. Um so auffälliger ist es, daß gerade diese Schwäche eines der wichtigsten Einigungsmittel unseres Volkes zu sein scheint; ja, wenn man sich im Ausdruck soweit vorwagen darf, geradezu der Boden, auf dem wir leben. Hier einen Tadel ausführlich begründen, heißt nicht an unserem Gewissen, sondern, was viel ärger ist, an unseren Beinen rütteln. Und darum will ich in der Untersuchung dieser Frage vorderhand nicht weiter gehen.

(Franz Kafka, Sämtliche Erzählungen, hrsg. von Paul Raabe, Frankfurt/M. 1985, S. 236–239)

Aufgaben:

1. Lesen Sie die weiteren Auszüge aus der Erzählung aufmerksam und genau durch.
2. Erarbeiten Sie aus diesem Fortgang der Erzählung einen weiteren Deutungsansatz (oder auch mehrere). Dieser kann sich konkret – auf die Ferne des Kaisertums – beziehen oder auch im übertragenen Sinn gemeint sein.
3. Präsentieren und erläutern Sie Ihren Interpretationsansatz in einer Form Ihrer Wahl vor der Lerngruppe.

Der Nachbar: Anfang und Ende der Erzählung

Vorgestaltung: Erster und letzter Satz

- „Mein Geschäft ruht ganz auf meinen Schultern. [...]"
- „[...] Vielleicht wartet er gar nicht das Ende des Gesprächs ab, sondern erhebt sich nach der Gesprächsstelle, die ihn über den Fall genügend aufgeklärt hat, huscht nach seiner Gewohnheit durch die Stadt und ehe ich die Hörmuschel aufgehängt habe, ist er vielleicht schon daran, mir entgegenzuarbeiten."

Aufgaben:

1. Mit den oben stehenden Sätzen beginnt und endet die Erzählung Der Nachbar. Stellen Sie aufgrund einer sehr genauen Lektüre zusammen, was Sie in diesen Textpassagen über den Ich-Erzähler und seinen Nachbarn erfahren.
2. Schreiben Sie den fehlenden Hauptteil der Erzählung.
3. Besprechen und überarbeiten Sie Ihre Ergebnisse.
4. Lesen Sie die Erzählung Der Nachbar: Entspricht der Text Ihren Schreibversionen?

Umgestaltung: Die Blickrichtung ändern

Nachbarschaft beruht immer auf Gegenseitigkeit. Harras, der Nachbar des Ich-Erzählers, erlebt diesen ebenfalls als Nachbarn, auch wenn seine Perspektive im Text ausgespart bleibt.

Aufgaben:

1. Ermitteln Sie, was Sie im Text über den Nachbarn Harras erfahren.
2. Versetzen Sie sich in die Figur des Harras und schreiben Sie aus seiner Sicht eine komplementäre Erzählung.
3. Besprechen Sie Ihre Ergebnisse in Kleingruppen oder im Plenum: Inwiefern ändert sich das Bild des Ich-Erzählers durch die veränderte Figurenperspektive?
4. Kafkas Nachbar heute: Verfassen Sie eine Parallelgeschichte im Science-Fiction-Stil, in der Sie die Probleme der digitalen Kommunikationsmedien verarbeiten.

Der Nachbar: reale und fiktionale Räume

Wohnungssuche

Kafka verbrachte die meiste Zeit seines Lebens in seinem Elternhaus, hat jedoch auch immer wieder eigene Wohnungen gesucht, um in Ruhe schreiben zu können. In einem Brief an seine Verlobte Felice Bauer berichtet er von seiner Wohnungssuche, auf der ihn seine Lieblingsschwester Ottla begleitete.

Der Nachbar

„Im Sommer einmal ging ich mit Ottla Wohnung suchen, an die Möglichkeit wirklicher Ruhe glaubte ich nicht mehr, immerhin ging ich suchen. Wir sahen einiges auf der Kleinseite an, immerfort dachte ich, wenn doch in einem der alten Palais irgendwo in einem Bodenwinkel ein stilles Loch wäre, um sich dort endlich in Frieden auszustrecken. Nichts, wir fanden nichts Eigentliches. Zum Spaß fragten wir in dem kleinen Gäßchen nach. Ja, ein Häuschen wäre im November zu vermieten. Ottla, die auch, aber in ihrer Art, Ruhe sucht, verliebte sich in den Gedanken, das Haus zu mieten. […]

Es hatte viele Mängel des Anfangs, ich habe nicht Zeit genug, um die Entwicklung zu erzählen. Heute entspricht es mir ganz und gar. In allem: der schöne Weg hinauf, die Stille dort, von einem Nachbar trennt mich nur eine sehr dünne Wand, aber der Nachbar ist still genug; ich trage mir das Abendessen hinauf und bin dort meistens bis Mitternacht; dann der Vorzug des Weges nach Hause: ich muß mich entschließen aufzuhören, ich habe dann den Weg, der mir den Kopf kühlt. Und das Leben dort: es ist etwas Besonderes, sein Haus zu haben, hinter der Welt die Tür nicht des Zimmers, nicht der Wohnung, sondern gleich des Hauses abzusperren; aus der Wohnungstür geradezu in den Schnee der stillen Gasse zu treten. Das Ganze zwanzig Kronen monatlich, von der Schwester mit allem Nötigen versorgt, von dem kleinen Blumenmädchen (Ottlas Schülerin) so geringfügig als es nötig ist bedient, alles in Ordnung und schön."

Franz Kafka an Felice Bauer (1916/17)

Bildagentur-online/Lescourret

Kafka-Häuschen in Prag in der Goldenen Gasse

Aufgaben:

1. Vergleichen Sie Kafkas Schilderung seines Hauses mit der Darstellung der Wohnung des Ich-Erzählers in Der Nachbar.
2. Versuchen Sie, die Räume und Befindlichkeiten des jeweiligen Bewohners grafisch darzustellen. Erläutern und diskutieren Sie Ihre Ergebnisse. Besprechen und überarbeiten Sie Ihre Ergebnisse in einer Schreibkonferenz.
3. Recherchieren Sie im Internet, um welches Haus in Prag es sich im Brief an Felice Bauer handelt.

Ein Bericht für eine Akademie: Inszenierung

Szenenfotos einer Aufführung

Der als Rede geschriebene Text wurde schon zu Kafkas Lebzeiten zu einem beliebten Stück des Sprechtheaters. Es gehört noch heute zum Repertoire vor allem kleinerer Theater.

1
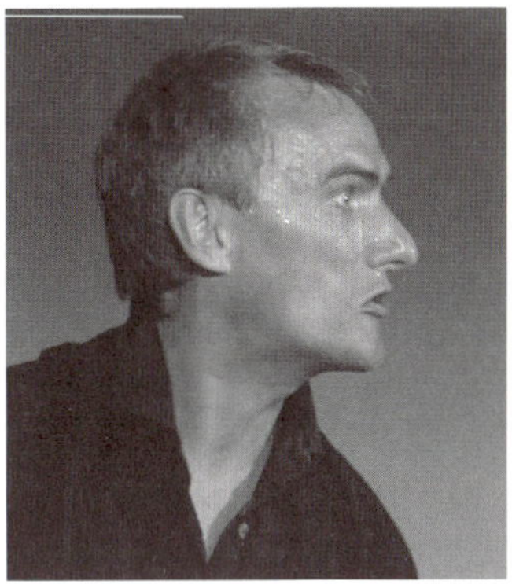

2

3

4

5

6

alle Bilder Tilman Gaebler

7
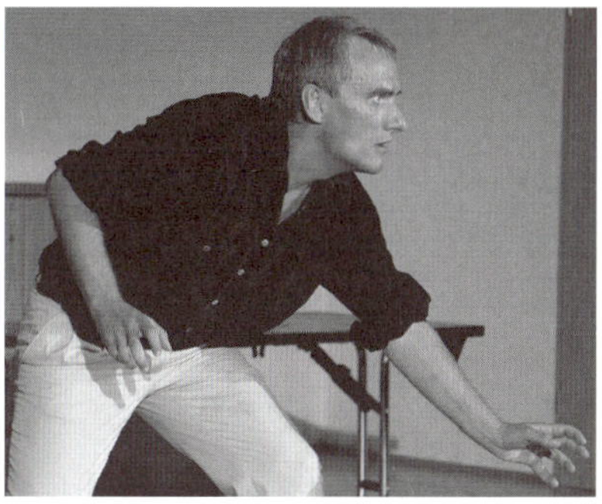

Aufgaben:

1. Betrachten Sie die Szenenfotos der Inszenierung des Schauspielers Herbert Bruns und notieren Sie Ihre Eindrücke stichpunkartig.
2. Schneiden Sie die Bilder aus und ordnen Sie diesen passende Textstellen zu.
3. Kleben Sie die Fotos der Textchronologie entsprechend auf einen Papierbogen und fügen Sie markante Zitate als Bildunterschriften hinzu.
4. Versuchen Sie selbst, einzelne Textpassagen wirkungsvoll vorzuführen.

Ein Bericht für eine Akademie: Rezension einer Aufführung

Die Wut der vergewaltigten Natur

[...] Der Bericht [...] zählt [...]zu Kafkas am häufigsten dramatisierten Werken. Ganz in die Form eines Vortrags gefasst, lässt er sich ohne Eingriffe als Monolog sprechen. Das ideale Einpersonenstück. Nun steht gerade die Ansprache im Ruf der Eintönigkeit. Der Ibbenbürener Schauspieler Herbert Bruns findet eine Lösung des Dilemmas in der Regie von Robert Schmidt. Die Inszenierung legt den Akzent nicht auf die Vortragssituation. Bruns' Affe spricht eher für sich, als für ein Publikum von Gefangennahme und Zähmung. Zunehmend fällt er aus der Rednerrolle und spielt seinen Leidensweg als etwas Gegenwärtiges. Die eingangs angesprochene Distanz zu seiner wilden Vergangenheit wird zur bloßen Schutzbehauptung des gedemütigten Tiers. Je schmerzlicher sich Rotpeter der Dressur erinnert, desto mehr mutiert er zum Affen, der er war.

Anfangs tritt er als selbstgewisser Sprecher vor uns. Allenfalls die Arme hängen ihm etwas zu locker in den Schultern. Dann häufen sich Entgleisungen. Tragen Anwandlungen von Wut zunächst menschliche Züge, sehen wir ihn bald das Wasserglas an nun schon äffisch geschürzte Lippen setzen. Die Rückverwandlung kulminiert, als der Bericht den Gipfel von Rotpeters persönlicher Evolution erreicht: den Spracherwerb. Beim Gedanken an sein erstes (nur bei Kafka unsagbar lakonisches) „Hallo" und an die zuvor mit größter Selbstverleugnung geleerte Schnapsflasche überkommt ihn seine vergewaltigte Natur. Er wütet, spritzt Wasser, zerbeißt seine Unterlagen. Dann wird er ruhig, starrt in blödem Unverstand, fasst sich und fährt ermattet fort. Eine unkontrollierte Geste, das Aufstützen auf die Außenfläche der eingerollten Hand, bleibt jetzt unberichtigt [...]. Als Rotpeter die Bühne verlässt, besteht am Misslingen der Metamorphose kein Zweifel.

Der menschgewordene Affe ist ein Tier geblieben. Unvermeidlich durchbricht der Trieb – Rotpeter reibt sich in aufgeregten Momenten heftig den Schritt – die kultivierte Fassade. Eine solche Auslegung schafft Raum für Bruns' variationsfreudiges, präzises Spiel. Aber der Text ist vernichtender. Kafka setzt voraus, die Verwandlung sei unumkehrbar gelungen. Nur fasst er eben die verwirklichte Kultur als eine Hilflosigkeit auf, als Ausweg, nicht als Freiheit: als Flucht.

Daniel Benedict

(Osnabrücker Zeitung vom 22. 1. 2002)

Aufgaben:

1. Der Rezensent nennt Kafkas Bericht für eine Akademie ein „ideales Einpersonenstück", das den Regisseur jedoch vor ein „Dilemma" stelle.

a. Erklären Sie, worin dieses Dilemma besteht.

b. Erläutern Sie, wie es in der besprochenen Inszenierung gelöst wird.

BRIEF AN DEN VATER: Familienbilder

Familienporträt um die Jahrhundertwende

TV-yesterday

Familie um 1900

Aufgaben:

1. Halten Sie stichpunktartig Ihre Assoziationen zum oben stehenden Familienporträt fest.
2. Suchen Sie ein aktuelles Familienfoto und kleben Sie es in den leeren Fotorahmen.
3. Vergleichen Sie die beiden Fotos und ihre Aussage.
4. Stellen Sie das Familienporträt aus dem frühen 20. Jahrhundert in einem Tableau nach:
   - Fühlen Sie sich eine Minute lang möglichst intensiv in Ihre Rollen ein.
   - Beginnen Sie auf ein Signal des Spielleiters hin, aus Ihrer Rolle heraus über sich und Ihre Situation zu sprechen.
   - Lösen Sie schließlich das Tableau nach und nach auf und entwickeln Sie daraus eine improvisierte Szene.
5. Besprechen Sie Ihre Erfahrungen – als Spieler, als Zuschauer.
6. Halten Sie die gewonnenen Einsichten in einem Text oder Schaubild fest.

BRIEF AN DEN VATER: **Familienverhältnisse**

1

Patriarchat [griech. Vaterherrschaft] *das*, 1) Amt und Amtsbereich eines Patriarchen 2) Sozialstruktur, in der der Vater oder Älteste in einer Verwandtengruppe die Vorherrschaft innehat; i. w. s. Vorrangstellung des Mannes in Gesellschaft, Politik, Wirtschaft, Kultur, Kirche. Ggs.: Matriarchat
(DIE ZEIT: Das Lexikon in 20 Bänden)

2

„Wer arbeiten will, gebiert seinen eigenen Vater." (Søren Kierkegaard, 1843)

3

„Die kindliche Überschätzung der Eltern ist auch im Traum des normalen Erwachsenen enthalten." (Sigmund Freud, 1919)

4

„Es gibt mehr oder wenigstens dauernder verkannte Eltern als es verkannte Kinder gibt."
(Franz Kafka 1914 an Grete Bloch, 1914)

5

„Morgen schicke ich Dir den Vater-Brief in die Wohnung, heb ihn bitte gut auf, ich könnte ihn vielleicht doch einmal dem Vater geben wollen, [L]aß ihn womöglich niemand lesen. Und verstehe beim Lesen alle[s] advokatorischen Kniffe, es ist ein Advokatenbrief."
(Franz Kafka an Milena Pollack, 1920)

Aufgaben:

1. Untersuchen Sie die oben stehenden Zitate. Inwiefern tragen sie dazu bei, Kafkas BRIEF AN DEN VATER zu erschließen?
2. Erläutern Sie auf der Grundlage einer genauen Textanalyse, inwiefern es sich um einen „Advokatenbrief" handelt.
3. Der Literaturwissenschaftler Peter-André Alt nennt Kafka einen „ewigen Sohn". Überprüfen Sie an relevanten Textstellen, inwiefern diese Bezeichnung zutrifft.

Brief an den Vater: **Dokument oder Fiktion?**

Lebensbereiche

Seitenbild

akg

Bild des Vaters

Motive

Aufgaben:

1. Untersuchen Sie den Brief an den Vater anhand folgender Fragen:
   a. Welche Lebensbereiche werden angesprochen?
   b. Welche Motive kommen vor?
   c. Welches Bild seines Vaters entwirft Kafka?
   d. Welches Bild entwirft er von sich selbst?

   Tragen Sie Ihre Antworten in die Felder oben ein.
2. Kafkas Brief an den Vater: biografisches Dokument oder literarische Fiktion? Erörtern Sie diese Streitfrage.

BRIEF AN DEN VATER: **Strukturskizze**

akg

1883 – 1924

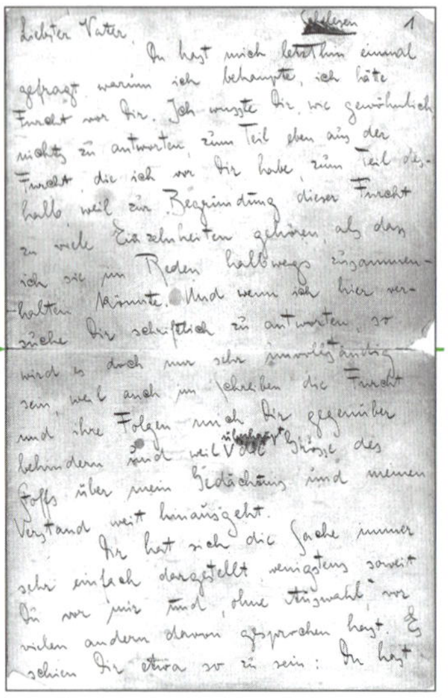
Liebster Vater,
Du hast mich letzthin einmal gefragt, warum ich behaupte, ich hätte Furcht vor Dir.

*

10. – 13. 11. 1919

akg

1852 – 1931

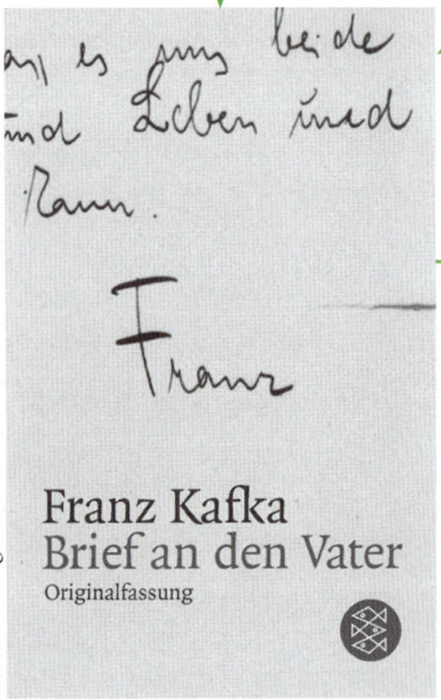

Fischer Verlag

Leserinnen und Leser

Abdruck * mit Genehmigung von Schocken Books Inc.,
New York City und S. Fischer Verlag GmbH, Frankfurt am Main

Aufgaben:

1. Erklären Sie Aufbau und Aussage der Strukturskizze.
2. Schreiben Sie einen fiktiven Antwortbrief Hermann Kafkas an seinen Sohn – aus der Perspektive von heute.

HEIMKEHR: die Parabel im Textvergleich

Das Gleichnis vom verlorenen Sohn

11 Und er sprach: Ein Mensch hatte zwei Söhne. 12 Und der jüngere von ihnen sprach zum Vater: Gib mir den Teil des Vermögens, der mir zufällt, Vater! Und er teilte ihnen das Gut. 13 Und nicht lange danach packte der jüngere Sohn alles zusammen und reiste in ein fernes Land, und dort verschleuderte er sein Vermögen mit ausschweifendem Leben. 14 Nachdem er aber alles aufgebraucht hatte, kam eine gewaltige Hungersnot über jenes Land, und auch er fing an, Mangel zu leiden. 15 Da ging er hin und hängte sich an einen Bürger jenes Landes; der schickte ihn auf seine Äcker, die Schweine zu hüten. 16 Und er begehrte, seinen Bauch zu füllen mit den Schoten, welche die Schweine fraßen; und niemand gab sie ihm. 17 Er kam aber zu sich selbst und sprach: Wie viele Tagelöhner meines Vaters haben Brot im Überfluß, ich aber verderbe vor Hunger! 18 Ich will mich aufmachen und zu meinem Vater gehen und zu ihm sagen: Vater, ich habe gesündigt gegen den Himmel und vor dir, 19 und ich bin nicht mehr wert, dein Sohn zu heißen; mache mich zu einem deiner Tagelöhner! 20 Und er machte sich auf und ging zu seinem Vater. Als er aber noch fern war, sah ihn sein Vater und hatte Erbarmen; und er lief, fiel ihm um den Hals und küßte ihn. 21 Der Sohn aber sprach zu ihm: Vater, ich habe gesündigt gegen den Himmel und vor dir, und ich bin nicht mehr wert, dein Sohn zu heißen! 22 Aber der Vater sprach zu seinen Knechten: Bringt das beste Festgewand her und zieht es ihm an, und gebt ihm einen Ring an seine Hand und Schuhe an die Füße; 23 und bringt das gemästete Kalb her und schlachtet es; und laßt uns essen und fröhlich sein! 24 Denn dieser mein Sohn war tot und ist wieder lebendig geworden; und er war verloren und ist wiedergefunden worden. Und sie fingen an, fröhlich zu sein. 25 Aber sein älterer Sohn war auf dem Feld; und als er heimkam und sich dem Haus näherte, hörte er Musik und Tanz. 26 Und er rief einen der Knechte herbei und erkundigte sich, was das sei. 27 Der sprach zu ihm: Dein Bruder ist gekommen, und dein Vater hat das gemästete Kalb geschlachtet, weil er ihn gesund wiedererhalten hat! 28 Da wurde er zornig und wollte nicht hineingehen. Sein Vater nun ging hinaus und redete ihm zu. 29 Er aber antwortete und sprach zum Vater: Siehe, so viele Jahre diene ich dir und habe nie dein Gebot übertreten; und mir hast du nie einen Bock gegeben, damit ich mit meinen Freunden fröhlich sein kann. 30 Nun aber, da dieser dein Sohn gekommen ist, der dein Gut mit Huren vergeudet hat, hast du für ihn das gemästete Kalb geschlachtet! 31 Er aber sprach zu ihm: Mein Sohn, du bist allezeit bei mir, und alles, was mein ist, das ist dein. 32 Du solltest aber fröhlich sein und dich freuen; denn dieser dein Bruder war tot und ist wieder lebendig geworden, und er war verloren und ist wiedergefunden worden!

(Die Bibel, Neues Testament, Lukas 15, 11 – 32)

Aufgabe:

Arbeiten Sie die zentralen Unterschiede zwischen Kafkas Parabel HEIMKEHR und dem GLEICHNIS VOM VERLORENEN SOHN heraus.

Ein Hungerkünstler: Assoziationen zum Titel

INTERFOTO/A. Koch

Aufgaben:

1. Kleben Sie das Bild in die Mitte eines Papierbogens, den Sie in vier Schreibfelder aufteilen. Führen Sie in Vierergruppen ein stummes Schreibgespräch, indem Sie Ihre Assoziationen, Eindrücke, Fragen, Kommentare usw. zunächst in Ihr eigenes Feld schreiben. Drehen Sie nach jeweils ein bis zwei Minuten das Blatt um 90 Grad und ergänzen Sie die Notizen. Am Schluss hat jeder wieder sein eigenes Schreibfeld vor sich.
2. Besprechen Sie die Ergebnisse Ihres Schreibgesprächs zuerst in der Kleingruppe, dann im Plenum.
3. Erläutern Sie das Kompositum „Hungerkünstler", indem Sie die Bedeutungsmerkmale der beiden Wortbestandteile in einem Cluster oder Ideenstern angeben.

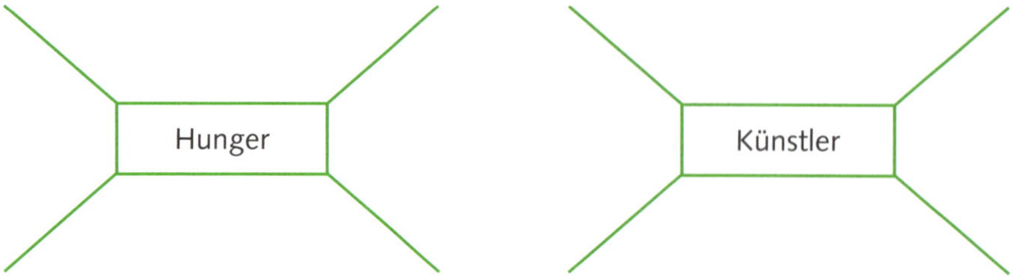

4. Setzen Sie folgenden Erzählanfang fort: „In den letzten Jahrzehnten ist das Interesse an Hungerkünstlern sehr zurückgegangen. …"

Franz Kafka: **Leben und Schreiben**

Collage: Klaus Oppermann

Aufgaben:

1. Betrachten Sie die Collage (Collage: Technik der bildenden Kunst, bei der durch Aufkleben – frz. coller: kleben – verschiedener Elemente ein neues Ganzes geschaffen wird) und ermitteln Sie, wer und was darauf dargestellt ist.
2. Welches Bild des Autors und seiner Zeit wird in der Collage entworfen? Was leistet dabei die Technik „Collage"?
3. Verfassen Sie ein Autorenporträt, in dem Sie möglichst viel von dem übernehmen, was Sie aus der Collage erfahren.

Franz Kafka: **Leben und Werk**

War Kafkas Leben kafkaesk?

Interview mit Reiner Stach

David: *Herr Stach, der erste Band Ihrer Kafka-Biographie erschien 2002. Pünktlich zum 125. Geburtstag des Autors am 3. Juli legen Sie nun den zweiten von insgesamt drei Bänden vor. Hätte sich Franz Kafka über dieses Geschenk gefreut?*

Stach: Als Geschenk wäre das natürlich eine zweischneidige Sache. Als Biograph rückt man Kafka ja sehr viel näher auf den Leib, als er das zu Lebzeiten von irgendjemandem geduldet hätte.[...] Aber ich nehme an, dass er sich andererseits doch darüber gefreut hätte, dass sein Werk in der Weise gewürdigt wird, wie das heute der Fall ist. Ohne Stolz auf die eigene Leistung war auch dieser Autor nicht. [...]

David: *War Kafkas Leben kafkaesk?*

Stach: Ja, das würde ich schon sagen. In Kafkas Leben gibt es merkwürdige Zufälle, Wiederholungen und Vorwegnahmen, die fast so wirken, als ob ein Romanautor daran gedreht hätte.

David: *Ist der Begriff des „Kafkaesken" die Formel zum Werkverständnis oder eher ein Klischee?*

Stach: Eigentlich kann ich mit dem Begriff gar nicht so viel anfangen. Meistens meinen die Leute damit etwas Absurdes und zugleich Unheimliches, meistens geht es um irgendwelche Machtbeziehungen: Wenn diejenigen, die das Zentrum der Macht besetzen, im Dunkeln bleiben, dann hat man das Gefühl, die Situation sei „kafkaesk". Das ist vermutlich auch die entscheidende Verbindungslinie zwischen Kafka und uns. In seinen Romanen ist ja der Gipfel der Pyramide unsichtbar, und in der heutigen Gesellschaft weiß man – trotz der scheinbaren Transparenz – auch nicht so genau, wie es in den obersten Instanzen zugeht. Wir wissen nicht, wo das Machtzentrum liegt, wir wissen nicht einmal, ob es ein solches Zentrum überhaupt gibt. Wer entscheidet in letzter Instanz über die Weltmarktpreise von Öl und Lebensmitteln? Welche Personengruppe hat den größten Einfluss auf die Börsenkurse? Man wüsste gern, wie es dort oben zugeht, aber man lernt allenfalls die Zwischenhändler kennen. Das ist genau wie in Kafkas PROCESS.

David: *Wären Sie Kafka gern einmal begegnet?*

Stach: Natürlich. [...] Ich habe immerhin einmal Kafkas Nichte getroffen, die inzwischen verstorbene Marianne Steiner. Sie sah aus wie Kafka, sie hatte noch den alten Prager Akzent, und da habe ich schon ein paar Minuten gebraucht, um mich wieder zu fassen.

David: *Welche Fragen hätten Sie ihm gern gestellt?*

Stach: Da müsste man sich ein paar besonders provokative Fragen ausdenken, denn er war ja sehr eloquent und äußerst geschickt in der Abwehr unangenehmer Interventionen. [...]

David: *Was hat sich Kafka von seinen Freunden zum Geburtstag schenken lassen?*

Stach: Bücher, überraschenderweise. Aber viel witziger ist, was er selbst verschenkt hat. Max Brod zum Beispiel hat er einmal einen Kieselstein geschenkt, der noch heute in Tel Aviv in Brods Nachlass liegt.

David: *Wie werden Sie Kafkas Geburtstag verbringen?*

Stach: Ich werde eine Flasche Pils öffnen, ab und zu das Radio oder den Fernseher einschalten und mal hören, was man so über Kafka sagt. Natürlich wäre es schön, wenn ich dabei ein paar eigene Gedanken wieder fände und das Bild von Kafka etwas weniger grobkörnig wäre als bei den Gedenktagen in der Vergangenheit.

Thomas David

(F.A.Z. vom 29.6.2008, Online-Ausgabe, © Alle Rechte vorbehalten. Frankfurter Allgemeine Zeitung GmbH, Frankfurt. Zur Verfügung gestellt vom Frankfurter Allgemeine Archiv)

Verlag Klaus Wagenbach

Aufgaben:

1. Exzerpieren Sie, was Sie im Interview mit dem Kafka-Biografen Reiner Stach über den Dichter erfahren. Was erfahren Sie, direkt oder indirekt, über den Biografen und seine Arbeit?
2. Fassen Sie zusammen, wie Stach den Begriff „kafkaesk" auffasst. Schlagen Sie dazu auch in Wörterbüchern und Lexika nach, wie der Begriff definiert wird, und vergleichen Sie.
3. Suchen Sie Beispiele aus Ihnen bekannten Texten Kafkas, auf die das Attribut „kafkaesk" besonders gut zutrifft. Begründen Sie Ihre Auswahl.
4. Stach spricht davon, dass er Kafka gerne „ein paar besonders provokative Fragen" gestellt hätte. Stellen Sie sich vor, Sie selbst hätten Gelegenheit, ein Interview mit Franz Kafka zu führen. Formulieren Sie Ihre Fragen an ihn und überlegen Sie, was er darauf geantwortet haben könnte.
5. Spielen Sie dieses fiktive Interview oder inszenieren Sie eine Talk-Show.
6. Anregungen für Kurzreferate: Lesen Sie folgende Kafka-Biografien (eventuell in Auszügen), und stellen Sie diese in der Klasse vor:
   - Peter-André Alt: Der ewige Sohn. Eine Biographie. München 2005
   - Louis Begley: Die ungeheuere Welt, die ich im Kopfe habe. Über Franz Kafka. München 2008
   - Reiner Stach: Kafka. Die Jahre der Entscheidungen. Frankfurt/M. 2002
   - Reiner Stach: Kafka. Die Jahre der Erkenntnis. Frankfurt/M. 2008
   - Klaus Wagenbach: Franz Kafka. Biographie seiner Jugend. Berlin 2006

Ein Leseprojekt: **Väter und Söhne in der Literatur**

Der Konflikt zwischen Vätern und Söhnen ist seit jeher ein Thema der Literatur, zu dem Ihnen sicher einige Titel aus Ihrer schulischen und privaten Lektüre einfallen. Im unten beschriebenen Leseprojekt können Sie Ihre Lektüreerfahrungen erweitern.

dtv

Diogenes Verlag

Fischer Taschenbuch Verlag

dtv

Aufgaben:

1. Informieren Sie sich in einer Bibliothek, einer Buchhandlung oder im Internet über folgende Titel:
- Bernward Vesper, DIE REISE
- Peter Härtling, NACHGETRAGENE LIEBE
- Alfred Andersch, DER VATER EINES MÖRDERS
- Christoph Meckel, SUCHBILD ÜBER MEINEN VATER
- Philip Roth, MEIN LEBEN ALS SOHN

2. Lesen Sie einen der Romane und stellen Sie ihn der Klasse vor. Ihre Buchvorstellung kann so aufgebaut sein:
- Vorstellung des Romans mit Autor, Titel, Erscheinungsjahr, evtl. Rezeptionsgeschichte
- knappe Inhaltsangabe, die die Neugier der Zuhörer auf den Text weckt
- Leseprobe (lautes Lesen vorher üben!)
- Interpretation im Hinblick auf das Thema Väter und Söhne

Tipp: Stellen Sie die Romane im Tandem oder in Dreiergruppen vor. Achten Sie auf eine ausgewogene Aufgabenverteilung.